SAGGISTICA 35

Mediterranean Encounters and Clashes
Incontri e scontri mediterranei

Mediterranean Encounters and Clashes
Incontri e scontri mediterranei

Edited by
Antonio C. Vitti
Anthony Julian Tamburri

BORDIGHERA PRESS

Library of Congress Control Number: 2020940720

Printed in the United States.

Published by
BORDIGHERA PRESS
John D. Calandra Italian American Institute
25 West 43rd Street, 17th Floor
New York, NY 10036

SAGGISTICA 35
ISBN 978-1-59954-171-6

TABLE OF CONTENTS

Come nel nostro volume inaugurale di sette anni fa — *Europe, Italy, and the Mediterranean: L'Europa, l'Italia, e il Mediterraneo* (2014), nato dal primo convegno organizzato dal Mediterranean Centre for Intercultural Studies (MCIS; Centro Mediterraneo di Studi Interculturali) — questa raccolta di saggi nasce dal settimo convegno del Centro, che si è svolto ad Erice, in Sicilia, nel maggio 2019.

La presente raccolta contribuisce alla missione fondamentale del MCIS — fondato nel 2012 e situato ad Erice — con l'obiettivo specifico di creare un dialogo tra quegli studiosi il cui lavoro intellettuale è dedicato a temi legati a qualsiasi aspetto della cultura mediterranea, nel senso più ampio del termine. Il volume sottolinea anche il nostro desiderio — e oseremmo dire la necessità — di mettere a disposizione il meglio del lavoro che scaturisce dagli incontri annuali del Centro.[1]

Come gli altri cento e più saggi dei sei volumi precedenti, gli argomenti dei saggi qui inclusi sono variegati e, in alcuni casi, multidirezionali. Ci sono saggi che trattano di quella che oggi è stata accettata come *diaspora* italiana, la quale, come tutti sappiamo, ha portato alla nascita di "colonie" italiane in diverse parti del mondo: all'interno del Mediterraneo, oltre l'Atlantico in varie parti delle Americhe, eppure in altri continenti, quali l'Australia e il resto d'Europa. In altri casi, ci sono saggi che trattano del movimento verso l'Italia, creando, a sua volta, una nuova, diversificata Italia che è ormai diventata una terra di arrivo [im]migratorio in contrap-

---

[1] Informazioni generali sul Mediterranean Centre for Intercultural Studies (Centro Mediterraneo di Studi Interculturali) sono disponibili sul seguente sito: http://centro studimediterranei.com. I soci fondatori del Centro sono: Antonio Vitti, Jerome Pilarski, Pinola Savalli, Gino Tellini e Anthony Julian Tamburri.

posizione alla sua storica posizione di partenza [e]migratoria. Uno dei diversi risultati di questa traiettoria di migrazione inversa è quello che potremmo considerare una "colorazione" dell'Italia.[2]

Altri saggi, a loro volta, esaminano il dialogo dell'eredità culturale che abbraccia la cronologia all'interno dei confini della zona geo-culturale che conosciamo come Italia. E mentre alcuni esaminano il testo scritto e come esso interagisce sia con l'italianità che con il concetto di mediterraneità, altri, ancora, esaminano il discorso cinematografico italiano che si è sviluppato negli ultimi cinquant'anni.

Questo settimo volume sottolinea il nostro continuo auspicio che i saggi del presente volume suscitino nel lettore delle nuove riflessioni e il desiderio di unirsi a noi ad Erice, in Sicilia per continuare il dialogo, la riflessione, e la ricerca sugli studi mediterranei.

Antonio C. Vitti & Anthony Julian Tamburri, Spring 2020

---

[2] Anche se non è questa la sede per tale discussione, potremmo considerare le radici di tale discorso di colore, in qualche misura, nel discorso contestato della Questione meridionale, secondo cui alcuni vedevano l'Italia meridionale come una estensione dell'Africa, come è stato spesso affermato, e lo è ancora oggi, purtroppo, da alcuni.

SCRITTURA COME INVESTIGAZIONE
La poesia civile di Valerio Magrelli

Mario Inglese

PhD, NATIONAL UNIVERSITY OF IRELAND - GALWAY

L'obiettivo di questo lavoro è quello di fornire una sintetica disamina delle ragioni che hanno confermato una linea di tendenza che da alcuni anni ormai connota la scrittura di Valerio Magrelli. La più recente produzione in versi di uno dei massimi poeti italiani viventi ha di fatto spostato l'asse di interesse e indagine verso la dimensione civile. A partire da *Didascalie per la lettura di un giornale* (1999) la poesia rigorosa, asciutta, di marca gnoseologica e fenomenologica dell'autore romano si è aperta sempre di più alla società, e non solo a quella italiana. Il poeta ne indaga i cambiamenti e le involuzioni denunciando, in particolar modo, fenomeni di ingiustizia e violenza allo scopo di esercitare una "difesa della vittima — vittima come figura sacrificale; svalutata, invisibile, rimossa", come scrive l'autore a proposito del volume *Il commissario Magrelli*[1] del 2018. Anche le poesie inedite aggiunte al volume collettaneo *Le cavie*, anch'esso del 2018, non trascurano questa cifra civile. Partendo da un illuminismo di fondo che lo apparenta non solo alla cultura francese, di cui Magrelli è insigne studioso, ma anche al mondo di Sciascia, il poeta persegue una scrittura impegnata, *politica*, che le primissime — sia pur mirabili — raccolte non lasciavano presagire.

A proposito di questa inversione di tendenza lo stesso poeta chiarisce:

> Mi è capitato di riflettere su questo cambiamento, e l'ho compreso attraverso una bella citazione di Sanguineti, secondo il quale si scrive "per antipatia". Mi ci sono perfettamente ritrovato. Mi spiego: la mia poesia nasce molto spesso da una reazione all'ambiente circostante. Per questo, posso dire di essere passato da un sistema solare dominato da Francis Ponge, o forse Petrarca

---

[1] Id., *Il commissario Magrelli*, quarta di copertina.

(fatto cioè di concentrazione, isolamento, riflessione), a un altro
dove regnano Belli e Brecht (nel segno della poesia di denuncia,
di invettiva, critica politica e sociale). (Marino, XI)

L'operazione di sdoppiamento dell'io lirico o, meglio, di proiezione della propria voce in una figura traslata, fittizia, ma non per
questo meno efficace, ricorda la creazione del personaggio del Tenerissimo in *Il Sessantotto realizzato da Mediaset. Un dialogo agli Inferi* (del 2011). In questo *pamphlet* la figura apparentemente candida
del poeta chiamato Tenerissimo interloquisce con il personaggio
Machiavelli su fatti e misfatti della nostra Repubblica occorsi durante l'ultimo cinquantennio. Un siffatto sdoppiamento è, per altro, in perfetta sintonia con la lunga riflessione magrelliana sulla
scrittura autobiografica e autofinzionale, per sua natura autori-
flessiva, e con la la retorica e — ancor più — la filosofia dell'ironia,
quest'ultima intesa come disposizione analitica, euristica, conosci-
tiva, che è insita in ogni tipo di dialogo o investigazione[2].

Come afferma il poeta, con quel tono ironico, per l'appunto,
che è una delle sue cifre etiche ed estetiche:

> Quando ho incontrato il commissario mio omonimo, confesso di
> non essere rimasto sorpreso. Tra tanti suoi colleghi, prima o poi
> era normale che sbucasse fuori anche lui. Piuttosto mi ha stupito
> la caparbietà, l'ostinazione con cui l'ho visto viaggiare dall'Egitto
> alla Francia, dagli Usa alla Turchia, sempre devoto a un infantile
> sogno di giustizia, anzi, di una giustizia in versi. La sua patria,
> però, resta, l'Italia (...). (*Commissario*, quarta di copertina)

L'elemento unificatore delle poesie raccolte in *Il commissario Magrelli* "resta la riflessione su una legge che spesso, troppo spesso,
tende a dimenticare i poveri diritti delle prede, prima fra tutte
quelle inermi per eccellenza: donne, paesaggio e infanzia", prose-
gue l'autore (*ibid*).

La poesia proemiale del volume ammicca alla folta schiera di
investigatori che pare invadere la letteratura recente, e non solo

---

[2] Per un'analisi dell'ironia mi permetto di rimandare al mio volume *Narrare il corpo*, in particolare al quinto capitolo (246-285).

italiana: una "infinita e perlopiù scalcinata progenie di commissari e investigatori", come la definisce Mario Fortunato.

> Visto che tutti i libri
> hanno ormai un commissario,
> mi faccio commissario
> della poesia
> e parto sulle tracce dei misfatti
> che restano impuniti a questo mondo.
> (*Commissario* 3)

Si tratta di una vera e propria dichiarazione di intenti, un componimento programmatico da cui emerge, tra l'altro, una voluta prosasticità, un'accessibilità che ormai connota gran parte dell'ultima produzione in versi di Magrelli. Come dire che un approccio democratico alla risoluzione dei problemi, delle emergenze nazionali e globali non può che esprimersi in una lingua comunicativa che rifugga ancora una volta da quel 'poetichese' contro cui il poeta ha sempre combattuto, sin dagli esordi negli anni Ottanta. È in queste scelte etiche e formali che si esplicita l'impegno di una poesia che non può risolversi in un esercizio di stile o, peggio ancora, nell'espressione di un mondo asfitticamnete individualistico. L'autoscopia del primo Magrelli, indubbiamente affascinante e originale, nasceva da un bisogno di ridefinire il senso di una parola che scavasse nelle pieghe del rapporto tra la coscienza e la realtà esterna, del mondo inteso più in chiave fenomenologica e gnoseologica che come arena di ogni prassi sociale. Adesso siamo decisamente in un ambito diverso, nel quale prevale l'eteroscopia di uno sguardo sulla realtà che è senz'altro atto politico, nel senso alto del termine, in quanto insopprimibile resta il nostro legame alla *polis*, così come ineludibile rimane la nostra responsabilità nei confronti del consorzio umano, nonché del territorio in cui quest'ultimo agisce. È, in altre parole, la dimensione civile della *phrónēsis* aristotelica (si veda in particolare *Etica nicomachea*, Libro VI), della saggezza o coscienza etica che il poeta, come uomo e come intellettuale, ha l'obbligo di perseguire e di additare al suo pubblico. Ma penso anche a *Homo civicus. La ragionevole follia dei beni comuni* di Franco Cassano. La pratica delle

3

virtù civili e la cittadinanza attiva come difesa delle libertà individuali; la cura del bene comune come sana *follia*, antidoto alla violenza subdola della privatizzazione ad opera di un'oligarchia plutocratica, di fatto padrona del pianeta, e alla miopia dei sovranismi.

Si scorge in questa attitudine un indubbio ancoramento a posizioni che rimangono laiche e illuministiche, come accennavo poco prima. Si tratta dell'illuminismo di marca kantiana e dei filosofi francesi, è il culto della ragione e del rispetto di ogni forma di libertà. Per Magrelli l'unica forma di religione è, infatti, il rispetto come pratica etica, come culto civile. "Ah, se gli altri provassero a rispettare gli altri...", leggiamo nella poesia XVII del volume (*Commissario* 19). Come vediamo a proposito di un possibile argine da contrapporre alla sopraffazione e all'inciviltà, si tratta forse di "(un programma scontato, / vetero-illuminista, / eppure ancora disperatamente / necessario)" (60). Insomma "[...] educare. / Noi dobbiamo educare 'con furore', strepita il commissario" (62).

Dal caso Regeni alle vittime della pedofilia, dai femminicidi alla distruzione del paesaggio ad opera dei piromani, dai pirati della strada alle sparatorie nelle scuole, dalla violenza gratuita negli stadi ai profughi annegati in mare, sino ai casi scandalosi di sconti di pena per delitti efferati, la casistica sembra non finire mai. Tanto che il "commissario" sembra quasi cedere allo scoramento:

> Ogni giorno un imbroglio,
> un furto, un omicidio.
> Possibile che non esista altro!
> Ma non ci andate mai allo stadio,
> per dire?
> Forse è la verità;
> forse è davvero questa la natura dell'uomo.
> Forse per questo, piace il giallo o il noir.
> Ecco perché diffida, il commissario,
> ininterrottamente.
> Qui non facciamo altro che diffidare.
> Aveva ragione il poeta:
> illegibilità del mondo.
> Tutto è doppio. (12)

Non siamo per nulla lontani dalla temperie, dall'inquietante constatazione delle aporie così bene esplorate dal poeta in libri come *Disturbi del sistema binario*, e in particolare dalle ambiguità etiche dell' 'anatra-lepre'. Come scrive Elio Grasso, "il servitore della legalità non legge ma viaggia, e traccia sul proprio taccuino pensieri degni di un filosofo delle *banlieue* europee e di tutte le altre periferie dell'Impero". Anche in *Il commissario Magrelli* il poeta pratica quella forma di 'autotrasfusione', di innesto di testi già apparsi in altri volumi, a guisa di rimandi intertestuali ma anche macrotestuali. Come dire che la produzione, in versi e in prosa, del poeta romano può esser letta alla stregua di tessere di un unico testo. Ma direi che è la natura organica, 'sinaptica', del discorso etico che giustifica una pratica autocitatoria di questo tipo. Per esemplificare, la poesia XVI rimanda al citato volume *Disturbi del sistema binario* (in particolare al testo dal titolo "Su un'aria del *Turco in Italia*") in quanto contiene al suo interno l'intera poesia ivi riportata e nel *Commissario* inserita in corsivo:

> *Riposa tutta quanta la Penisola*
> *avvolta da una trepida collana*
> *di affogati. Ognuno di loro è una briciola*
> *fatta cadere per ritrovar la strada.*
>
> *Ma i pesci le hanno mangiate e i clandestini,*
> *persi nel mare senza più ritorno,*
> *vagano come tanti Pollicini*
> *seminati nell'acqua torno torno.*
> (*Commissario* 18, *Cavie* 394)

Analogamente il *Congedo* alla fine del *Commissario*, "Coro sulla legalità", riproduce l'analoga poesia apparsa in *Disturbi* (*Cavie* 387).

> Legalità è legittima se lega il forte,
> se tutela il debole
>
> È il nodo che scioglie l'Umano
> legandone i legami.

5

> Non c'è legalità fuori da quel legame
> dove si stringe per meglio liberare.
> *(Commissario* 71)

Lingua piana e prosastica non vuol dire, tuttavia, derogare alle suggestioni di un'attenta elaborazione formale, non foss'altro perché l'efficacia complessiva di un testo poetico non può mai prescindere dall'interazione tra piano del contenuto e piano dell'espressione, anzi i due piani sono sempre inestricabili. Sicché un testo come il seguente coagula l'urgenza civile con una particolare attenzione alla *dispositio* del dettato poetico:

> Del mostruoso travaso,
> dell'immenso travaso,
> del crudele trasporto, porto e parto,
> dello strappo e lo stupro fra i nostri continenti,
> il commissario vede solo i trucioli,
> il residuato del processo industriale
> che pialla interi popoli, ossa e sangue.
> Conosce solo gli scarti di fabbrica,
> gente arenata qui
> come ossi di seppia o copertoni.
> *(Commissario* 16)

Non solo, in questa poesia la poetica dell'oggetto dimesso, residuale, richiama alla mente l'amato Montale e lo stesso Magrelli di testi precedenti. Ma quello che a partire da *Esercizi di tiptologia* (la terza silloge) si era manifestato come epifania della natura irrimediabilmente corrotta della materia, della carne del mondo — per dirla con Merleau-Ponty —, adesso si traduce in modo esplicito, e per nulla inatteso, in chiave civile, politica.

Impegno civile non vuole dire, tuttavia, soltanto testimoniare, registrare quanto accade nella società, significa anche e soprattutto denunciare responsabilità e prospettare soluzioni. Un caso emblematico mi pare la poesia XXVI, sulla distruzione del paesaggio, sugli incendi che drammaticamente hanno popolato le cronache degli ultimi anni:

Chi dà fuoco ad un bosco
spesso è qualcuno che vive nei boschi,
ma come un lupo, un albero o una pietra;
non coglie la bellezza inerme a cui appartiene,
e dunque la distrugge
senza neanche accorgersene.
Facciamo in modo che possa comprenderla,
vuoi con la scuola, vuoi con la sanzione:
bisogna terrorizzare ed istruire.
L'incendio è un genocidio
(il commissario schiuma)
-pensare a un gemellaggio fra alberi e bambini.
Bruciare una foresta,
investire la folla con un camion,
sono la stessa cosa,
benché quelli dell'Isis agiscano per fede,
non per soldi.
Occorre far capire l'enormità del fatto,
perché l'attentatore si ritragga atterrito
anche alla sola idea di realizzarlo.
Bandiere a mezz'asta, funerali di Stato,
silenzio nelle scuole e negli uffici pubblici.
La bellezza dovrebbe incutere sgomento.
La dolcezza dovrebbe incutere un timore
reverenziale. (28)

Come spesso osserviamo in Magrelli, l'uso di termini religiosi assume una valenza del tutto laica. Lo stesso avviene per i frequenti riferimenti scritturali (si veda ad esempio il brevissimo componimento che recita: "Prima Diaz, poi Bolzaneto / prima la lancia, dopo l'aceto" (50). Ma questo rafforza quanto ho espresso in precedenza, vale a dire che la serietà, la sacralità del rispetto per l'altro e per tutto ciò che è di fondamentale importanza per la sopravvivenza della *polis* ordinata e civile, nonché per il futuro dell'umanità, necessita di un linguaggio inequivocabile, ha bisogno di parole brucianti. Per questo il poeta può affermare (e qui non vi è posto per l'ironia): "Donne, paesaggio e infanzia, / tutto ciò che è indifeso, vulnerabile, / deve restare intatto, / tabù, //SACRO// E le pene? Democratiche, è logico, / e tuttavia liturgiche, corali: 'Qualcuno tocchi Caino'" (29). Come ha chiarito lo stesso poeta in un'intervista, ogni risorsa grafica, come lo stampatello maiuscolo impiegato per la parola "sacro", concorre al significato complessivo della poesia, rafforzandolo.

Che la democrazia, o la civiltà *tout court*, non sia un bene immutabile, una conquista irreversibile, sembra essere confermato dal fatto che, verificatesi certe condizioni, il regresso alla barbarie è sempre in agguato. Viene fatto di pensare al caso estremo illustrato da William Golding nell'apocalittico romanzo *Lord of the Flies* e ne è testimonianza un testo come il seguente:

> L'orrore del caporalato.
> I sikh nelle campagne di Latina.
> I maghrebini in Puglia.
> Le lotte secolari per il diritto al lavoro: svanite.
> Nulla è acquisito in via definitiva,
> medita il commissario, basta un attimo
> e il tuo vicino ritorna cannibale,
> dopo essersi accoppiato con la madre. (38)

Al commissario non sfugge neanche quella modalità di lavoro che dovrebbe al massimo essere temporanea e occasionale e che invece sembra prolungarsi oltre misura, vale a dire il precariato: "L'orrore del precariato. / I ciclisti che portano la pizza. / I laureati che mangiano la pizza / inchiodati al call center (...)" (39).

La tragedia delle cosiddette morti bianche a cui anche la raccolta *Il commissario* fa riferimento riprende la poesia "Thyssen: per i senza parola" del volume *Il sangue amaro* (del 2014): "Morire sul lavoro, / morire di lavoro. / Risparmiare sui costi, / tagliare ancora posti. / Tagliare sulla vita, / ché la diritta via era smarrita" (*Commissario* 53). Una delle poesie più toccanti, un inedito, si trova nel volume collettaneo del 2018:

> Said, mite Said,
> hai attraversato il mondo, per pitturarmi casa.
> Poi, per i nostri figli, moltri altri e altre da Cile e Perú,
> Ucraina, Romania, Costa d'Avorio,

Filippine e Sri Lanka,
(Invece Tata mia, mia vice-madre,
era di Primavalle,
che è ancora piú lontana del Bengala).
Voci di sradicati dentro casa:
  mezzo mondo in cucina.
(*Cavie* 609)

Come sintetizza Pierluigi Battista a proposito dei versi de *Il commissario* si tratta, in ultima analisi, di:

Poesia civile, ma senza le pose solenni che non di rado la poesia civile assume monumentalizzandosi. Poesia di denuncia, ma senza l'aria tribunizia di chi si sente, più che dalla parte delle vittime, dalla parte di una presunta Verità. Poesia pedagogica, ma senza la spocchia un po' odiosa del pedagogo di professione. Poesia d'attualità, ma senza il linguaggio corrivo e in copia conforme del cronista stanco, senza gli stilemi legnosi del giornalistese.

Per concludere, abbiamo visto come la visione autoscopica che ha connotato la prima poesia di Magrelli si è tramutata in una visione eteroscopica. Detto diversamente, lo sguardo orientato verso la realtà del rapporto tra coscienza e mondo è divenuto un bisturi affondato nella carne di quell'enorme *condominio* che è la società tutta, nazionale e planetaria.[3] All'indagine di questo sguardo si aprono ampi squarci di patologie e persino orrori. Ogni acquisizione della civiltà non è mai scontata, non è data una volta per tutte. Il poeta, egli stesso *cavia*, non può esimersi dal divenire *commissario*, appunto, investigatore.

---

[3] Cfr. Inglese (2015, 106-125).

OPERE CITATE O CONSULTATE

Aristotele, *Etica Nicomachea*, trad., intr. e note di C. Natali, Roma-Bari, Laterza, 2018.

Battista, Pierluigi. "Valerio Magrelli in cerca di giustizia. L'indagine in versi del commissario", *Corriere della sera*, 1/12/2018.

Cassano, Franco. *Homo civicus. La ragionevole follia dei beni comuni*. Bari: Dedalo, 2004.

Fortunato, Mario. "L'agente della poesia", "L'Espresso", 23/12/2018.

Golding, William. *Lord of the Flies*, London, Faber and Faber, 1954; tr. it. di F. Donini, *Il signore delle mosche*, Milano, Mondadori, 2001.

Grasso, Elio. "Il poeta indaga", https://pulplibri.it/il-poeta-indaga/, 7/1/2019.

Inglese, Mario. *Identity, alterity and society in the latest poetry of Valerio Magrelli*, in Antonio C. Vitti and Anthony Julian Tamburri (a cura di), *Mare Nostrum. Prospettive di un dialogo tra alterità e mediterraneità*. New York: Bordighera Press, 2015, pp. 106-125.

_____. *Narrare il corpo. Fenomenologia, autobiografia e strategie narrative in Nel condominio di carne di Valerio Magrelli*, Lecce: Manni, 2018.

Magrelli, Valerio. *Esercizi di tiptologia*, Milano: Mondadori, 1992.

_____. *Didascalie per la lettura di un giornale*. Torino: Einaudi, 1999.

_____. *Disturbi del sistema binario*. Torino: Einaudi, 2006.

_____. *Il Sessantotto realizzato da Mediaset. Un dialogo agli Inferi*. Torino: Einaudi, 2011.

_____. *Il sangue amaro*. Torino: Einaudi, 2014.

_____. *Il commissario Magrelli*. Torino: Einaudi, 2018a.

_____. *Le cavie*. Torino: Einaudi, 2018b.

Marino, Marco (a cura di), "Passaparola. Conversando con Valerio Magrelli", in AA.VV., *Di mano in mano. Due ipertesti per Valerio Magrelli*. Roma: Treccani, 2019, p. XI.

Merleau-Ponty, Maurice. *Le visible et l'invisible*. Paris: Gallimard, 1964; tr. it. di A. Bonomi, *Il visibile e l'invisibile*, Milano: Bompiani, 2003.

LA GIORNATA D'UNO SCRUTATORE
Gli 'Incontri' di Calvino nel 'Mediterraneo' Cottolengo

Davide Italia

UNIVERSITÀ DI CATANIA

Nell'ambito della produzione realistica di Italo Calvino compresa tra la fine degli anni Cinquanta e l'inizio degli anni Sessanta, il racconto *La giornata d'uno scrutatore*[1] rivela un aspetto interessante, distinguibile in una serie di 'incontri' che sembrano demarcare la connotazione 'mediterranea' del Cottolengo.

Ne *La giornata d'uno scrutatore* (1963)[2] viene raccontata l'esperienza vissuta dall'intellettuale comunista Amerigo Ormea[3] in qualità di scrutatore presso il seggio allestito nella Piccola Casa della Divina Provvidenza, l'istituzione benefica cattolica di Torino nota, appunto, come il "Cottolengo", in occasione delle elezioni politiche del 1953.[4] Amerigo diventa gradualmente consapevole della complessità

---

[1] Il racconto s'inserisce nel progetto di una prosa realistica e autobiografica dedicata alla descrizione dell'Italia del *boom* economico. Si tratta della trilogia incompiuta *Cronache degli anni Cinquanta*, che avrebbe dovuto comprendere i romanzi brevi *La speculazione edilizia*, *La giornata d'uno scrutatore*, e il racconto incompleto *Che spavento l'estate*. Negli anni Sessanta vengono pubblicati altri testi ascrivibili al genere realistico, come il racconto *La nuvola di smog* (Italo Calvino, "La nuvola di smog", in *Gli amori difficili*) e la serie di racconti *Marcovaldo*.

[2] L'elaborazione del testo si svolge nell'arco di un decennio (1953-1963), a causa sia della continua riscrittura di dialoghi e commenti, sia della contingenza politica in Italia dopo il XX Congresso del Pcus nel febbraio del 1956, che coinvolge personalmente Calvino come membro del Pci. Nel 1963 Einaudi e Garzanti pubblicano il romanzo di Aleksandr Solženicyn *Una giornata di Ivan Denisovič*, ove il protagonista è prigioniero in un gulag sovietico negli anni Cinquanta. Il genere della 'giornata', il messaggio di dignità, solidarietà e amore per gli uomini sono alcuni degli elementi presenti anche ne *La giornata d'uno scrutatore*, al punto che è stata ipotizzata una rilevante influenza del romanzo russo su quello di Calvino. Cfr. Francesca Saltamacchia (385-414).

[3] Il nome del protagonista, 'Amerigo', ricorda quello dell'autore, 'Italo'; il cognome, 'Ormea', coincide con una località oltre il Col di Nava, fra Imperia e Torino, ed è l'anagramma della parola 'amore'. Cfr. Mario Barenghi (57-58).

[4] Nello stesso anno Calvino, in qualità di candidato del Pci, viene chiamato dai commissari di seggio per una consulenza presso il Cottolengo. La questione, che riguarda l'estensione del voto ai dementi e ai disabili, si trasforma presto uno scandalo. Dopo esservi ritornato in qualità di scrutatore per le elezioni amministrative del 1961, Calvino ricorda l'esperienza traumatica vissuta in quei giorni: "Il risultato fu che restai completamente impedito dallo

delle cose; la sua mente 'galleggia' in realtà ingarbugliata, ondeggiante, labirintica, che inizialmente ha l'aspetto di una massa informe:

> Ad Amerigo la complessità delle cose alle volte pareva un sovrapporsi di strati nettamente separabili, come le foglie d'un carciofo, alle volte invece un agglutinamento di significati, una pasta collosa. (7)

Durante il seggio egli scopre la 'verità':[5] vengono ammessi al voto anche i dementi e disabili gravi, in vece dei quali votano i preti e le suore per il partito della Democrazia Cristiana.[6] L'episodio emblematico è rappresentato dall'idiota che, nel seggio, "veniva avanti ridendo come se giocasse" (19); Amerigo pensa immediatamente al modo in cui venivano trattati gli 'idioti' nelle società del passato e al principio di uguaglianza tra gli uomini ottenuto durante la Rivoluzione francese. Nella sequenza dei fatti ponderati si riconoscono alcuni *topoi* dell'Europa antica e moderna:

> Amerigo, velocemente, pensò al Discorso della Montagna, alle varie interpretazioni dell'espressione "poveri di spirito", a Sparta e a Hitler che sopprimevano gli idioti e i deformi; pensò al concetto d'eguaglianza, secondo la tradizione cristiana e secondo i principî dell'89, poi alle lotte della democrazia durante tutto un secolo per

---

scrivere per molti mesi: le immagini che avevo negli occhi, di infelici senza capacità di intendere né di parlare né di muoversi, per i quali si allestiva la commedia di un voto delegato attraverso al prete o alla monaca, erano così infernali che avrebbero potuto ispirarmi solo un pamphlet violentissimo, un manifesto antidemocristiano, un seguito di anatemi contro un partito il cui potere si sostiene su voti (pochi o tanti, non è qui la questione) ottenuti in questo modo. Insomma: prima ero a corto di immagini, ora avevo immagini troppo forti. Ho dovuto aspettare che si allontanassero, che si sbiadissero un poco dalla memoria; e ho dovuto far maturare sempre più le riflessioni, i significati che da esse si irradiano, come un seguito di onde e cerchi concentrici". Andrea Barbato (11).

[5] La scoperta della verità dei fatti sul seggio da parte di Amerigo ricorda quella dell'anonimo protagonista de *La nuvola di smog* sull'EPAUCI (Ente per la Purificazione dell'Atmosfera Urbana dei Centri Industriali): l'Ente che pubblica la rivista per la quale lavora è lo stesso che, per farla funzionare, produce lo smog.

[6] Nel 1953 il partito della Democrazia Cristiana approva la 'legge truffa', che introduce un premio di maggioranza consistente nell'assegnazione del 65% dei seggi della Camera dei deputati alla lista che avesse superato la metà dei voti.

imporre il suffragio universale, agli argomenti che opponeva la polemica reazionaria, pensò alla Chiesa che da ostile era diventata favorevole; e ora al nuovo meccanismo elettorale della "legge-truffa" che avrebbe dato maggior potere al voto di quel povero idiota che al suo. (19-20)

Il protagonista comprende la 'trappola metafisica' nella quale è caduto: se il suo voto vale più di quello espresso da un idiota, viene meno il principio di uguaglianza degli uomini; se, al contrario, entrambi i voti sono equivalenti, bisogna difendere anche la validità del voto di tutti gli ospiti del Cottolengo. L'egualitarismo attiene anche al valore della bellezza nella società della Grecia antica:

La Grecia...pensava Amerigo. Ma porre la bellezza troppo in alto nella scala dei valori, non è già il primo passo verso una civiltà disumana, che condannerà i deformi a esser gettati dalla rupe? [...] Era tutto il mondo di fuori a diventare parvenza, nebbia, mentre questo, di mondo, questo del "Cottolengo", ora riempiva talmente la sua esperienza che pareva il solo vero. [...] Un mondo, il "Cottolengo", – pensava Amerigo, – che potrebbe essere il solo mondo al mondo se l'evoluzione delle specie umana avesse reagito diversamente a qualche cataclisma preistorico o a qualche pestilenza... (23-24)

Calvino/Amerigo pone il problema del relativismo dei valori, tentando un 'ribaltamento': non solo egli sembra accettare il 'mostruoso' e il 'deforme', rappresentato dai malati del Cottolengo, ma lo considererebbe un modello possibile, rispetto a quello rappresentato dai 'normali', se l'essere umano avesse avuto un'evoluzione diversa.[7] Alla deformità 'positiva' dei malati del Cottolengo corrisponde, specularmente, quella 'negativa' della grande città che è fuori, luogo di degrado e di desolazione, descritta quasi con esattezza topografica:[8]

---

[7] Cfr. Marco Antonio Bazzocchi (59-89).
[8] Cfr. Ulla Musarra-Schrøder (34).

L'istituto s'estendeva tra i quartieri popolosi e poveri, per la superficie d'un intero quartiere, comprendendo un insieme d'asili e ospedali e ospizi e scuole e conventi, quasi una città nella città, cinta da mura e soggetta ad altre regole. I contorni ne erano irregolari, come un corpo ingrossato via via attraverso nuovi lasciti e costruzioni e iniziative: oltre le mura spuntavano tetti d'edifici e pinnacoli di chiese e chiome d'alberi e fumaioli; dove la pubblica via separava un corpo di costruzione dall'altro li collegavano gallerie sopraelevate, come in certi vecchi stabilimenti industriali, cresciuti seguendo intenti di praticità e non di bellezza, e anch'essi come questi, recinti da muri nudi e cancelli. (6)

Come un obiettivo fotografico, l'occhio di Amerigo/Calvino 'scruta' la realtà dentro e fuori il Cottolengo, alla ricerca di significati nascosti; proprio la fotografia assume la funzione di uno strumento d'indagine, come nel caso, ad esempio, del problema dell'identità. Nel cap. VII, mentre lo scrutatore esamina i documenti d'identità delle suore che prestano servizio al Cottolengo, egli si accorge di una fotogenia ricorrente: i loro visi sono naturali, sereni, rispetto a quanto accade nella realtà quotidiana. Amerigo, pertanto, comprende che la 'felicità' delle suore deriva dal non avvertire come problematico il 'dare immagine di sé':[9]

A pensarci, era strano: nelle fotografie formato tessera, novanta casi su cento, uno viene con gli occhi sbarrati, i lineamenti gonfi, un sorriso che no lega. Almeno, lui era sempre così che riusciva, e adesso, controllando queste carte d'identità, in ogni foto in cui trovava sembianze tese, atteggiate a espressioni innaturali, riconosceva la sua stessa mancanza di libertà di fronte all'occhio di vetro che ti trasforma in oggetto, il suo rapporto privo di distacco verso se stesso, la nevrosi, l'impazienza che prefigura la morte nelle fotografie dei vivi. Le monache no: posavano di fronte all'obiettivo come se il volto non appartenesse più a loro: e a quel modo riuscivano perfette. (33)

---

[9] Cfr. Giovanna Rizzarelli (89-90).

L'episodio delle suore è uno dei segni dell'umanità nascosta nel Cottolengo, come il vecchio contadino che viene a trovare il figlio demente, al quale dà da mangiare, in silenzio, alcune mandorle o l'omone con il berretto, privo di mani dalla nascita, che riesce a fare ogni cosa con i due moncherini:[10]

> Ora che il giovane idiota aveva terminato la sua lenta merenda, padre e figlio, seduti sempre ai lati del letto, tenevano tutti e due appoggiate sulle ginocchia le mani pesanti d'ossa e di vene, e le teste chinate per storto – sotto il cappello calato il padre, e il figlio a testa rapata come un coscritto – in modo di continuare a guardarsi con l'angolo dell'occhio. (67-68)

> Ora gli scrutatori facevano capannello attorno a uno degli ultimi che avevano votato, un omone col berretto. Era senza mani, dalla nascita: due moncherini cilindrici gli uscivano dalle maniche, ma stringendoli uno all'altro sapeva afferrare e manovrare oggetti, anche sottili (la matita, un foglio di carta; difatti aveva votato da solo, piegato da solo le schede) come nella presa di due enormi dita. (76)

Proprio questi malati del Cottolengo stimolano nello scrutatore la riflessione sul concetto di umanità e di amore, poiché anche nella realtà meno umana si riconosce un segno di umanità.[11]

In conclusione, dalla disamina del racconto si può rilevare, innanzitutto, l'importanza della visualità in funzione ermeneutica, che caratterizza anche altri testi di Calvino.[12] Lo sguardo di Amerigo, infatti, è lo strumento utilizzato per 'scrutare' la realtà, poiché ad essere coinvolta non è soltanto la percezione sensoriale, ma anche l'intelletto.[13] Ciò consente al protagonista di essere un 'esegeta' del mondo fisico, ove egli cerca le risposte ai grandi dubbi della

---

[10] Cfr. Mario Barenghi, *op. cit.*, 60-61.

[11] Cfr. Cristina Benussi (91-92).

[12] Si considerino, ad esempio, la vista della riviera ligure deturpata dalle palazzine di cemento ne *La speculazione edilizia*; la vista collinare del protagonista sulla nuvola nera ne *La nuvola di smog*; lo sguardo del contadino in cerca dei segni della Natura nella città industriale in *Marcovaldo*; la vista delle città immaginarie raccontate da Marco Polo ne *Le città invisibili* (Italo Calvino, *Le città invisibili* (Milano: Mondadori 2011).

[13] Cfr. Alberto Asor Rosa (84).

mente. L'ambiente del Cottolengo è il luogo perfetto per l'indagine psichica, grazie agli incontri con i votanti che si susseguono all'interno del seggio, ove ciascuno di essi incarna l'umanità nascosta dagli innumerevoli volti della deformità. Dunque, assumendo il Cottolengo come uno *specimen*, gli incontri, gli scambi, le sensazioni umane in esso contenute sono traslabili in una dimensione più ampia, ove il protagonista del racconto, Amerigo, come il noto viaggiatore[14] è pronto a solcare con la mente le onde del *Mare nostrum* alla ricerca di rotte inesplorate.

BIBLIOGRAFIA

Asor Rosa, Alberto. *Stile Calvino*. Torino: Einaudi, 2001.

Barbato, Andrea. "Il 7 giugno al Cottolengo", *L'Espresso* 10 (1963): 11.

Barenghi, Mario. *Calvino*. Bologna: il Mulino, 2009.

Bazzocchi, Marco Antonio. *Corpi che parlano. Il nudo nella letteratura italiana del Novecento*. Milano: Mondadori, 2005.

Benassi, Alessandro, Fabrizio Bondi, Serena Pezzini, a cura di. *Futuro italiano. Scritture del tempo a venire*. Lucca: Maria Pacini Fazzi Editore, 2012.

Benussi, Cristina. *Introduzione a Calvino*. Bari: Laterza, 1989.

Calvino, Italo. *La giornata d'uno scrutatore*. Milano: Mondadori, 2011.

_____. *Gli amori difficili*. Milano: Mondadori, 2011.

_____. *La speculazione edilizia*. Milano: Mondadori, 1994.

_____. *Le città invisibili*. Milano: Mondadori, 2011.

_____. *Marcovaldo*. Milano: Mondadori, 2011.

Musarra-Schrøder, Ulla. *Italo Calvino tra i cinque sensi*. Firenze: Franco Cesati, 2010.

Saltamacchia, Francesca. "L'incontro di Italo Calvino con Aleksandr Solženicyn ne La giornata d'uno scrutatore", *Lettere italiane*, 67 (2015): 385-414.

Solženicyn, Aleksandr. *Una giornata di Ivan Denisovič*. Torino: Einaudi, 2017.

---

[14] Amerigo Vespucci (1454-1512).

LA SFIDA DELL'INTERCULTURA
una scuola permeabile in una società complessa

Mauro Mangano

Da alcuni decenni tutto il pianeta è coinvolto da flussi migratori di ampiezza straordinaria e dalle caratteristiche del tutto nuove, che li rendono incomparabili con gli altri fenomeni simili precedentemente accaduti nella storia dell'umanità. Non vi è infatti continente o porzione di continente che non sia oggi interessato da fenomeni migratori, originati dalle cause più svariate, anche se la percezione di ciascun cittadino, probabilmente amplificata dalla mediazione degli strumenti di informazione, è che proprio la sua nazione, quella piccola porzione di mondo nella quale è nato e sulla quale ritiene di avere diritti esclusivi, sia soggetta a "invasioni" migratorie, o a massicci fenomeni di contaminazione culturale. Già nel 2011, il rapporto dell'IOM (International Organization for Migration) segnalava la distorsione della percezione del fenomeno migratorio nel mondo:

> Yet migration remains politically sensitive and often publicly misunderstood, in contradiction to the way our societies and economies are evolving.[1]

Il passaggio semantico dalla definizione novecentesca di *emigrato* a quella contemporanea di *migrante* rivela, come spesso fa la lingua, in modo immediato e chiaro che non ci riferiamo più soltanto al passaggio geografico che ha un inizio e una conclusione, ma ad una condizione esistenziale che il participio presente fissa in una perenne mobilità e che forse può identificare l'uomo contemporaneo nella sua totalità, piuttosto che una parte della popolazione planetaria. Occorrerebbe quindi affrontare la dimensione globale degli spostamenti di esseri umani nel mondo contemporaneo, per proiettare la nostra riflessione in un altro contesto: quale è il ruolo dell'educazione in un mondo veramente

---

[1] http://publications.iom.int/system/files/pdf/wmr2011_english.pdf.

globalizzato, in cui l'ancoraggio con il luogo in cui nasce è sempre più debole e i codici culturali utilizzati sono sempre più articolati? Come si ridisegna il quadro degli obiettivi educativi e soprattutto lo statuto epistemologico delle diverse discipline rispetto ad individui il cui radicamento al paese natale assume più un significato psicologico che culturale?

L'INTERCULTURA COME PARADIGMA CULTURALE DELLA SOCIETÀ POST-MODERNA.

Alcuni di noi hanno ancora negli occhi le immagini dei barconi che alcuni decenni fa arrivavano dall'Albania, o le piazze, in particolare del meridione d'Italia, popolate prevalentemente da uomini del Maghreb, e nella memoria lessicale termini quali "marocchino" o "vu' cumprà" come sinonimo di immigrato. Sono la prova che i flussi migratori, cambiando le direttrici e le intensità, investono la storia dell'occidente industrializzato da diversi decenni ormai, e sono stati affrontati nella prima fase, dal punto di vista pedagogico ed educativo, come problema dell'inclusione dei figli degli immigrati nel sistema scolastico. Si sono quindi sviluppate, in tutta Europa, pratiche didattiche orientate appunto a superare i problemi che nascevano dall'inserimento nelle nostre scuole di bambini e ragazzi figli di immigrati, molto spesso centrate sul superamento della barriera della conoscenza linguistica. L'insegnamento dell'italiano L2, e negli altri stati parallelamente delle altre lingue, è diventato un campo di ricerca specifica. Sono stati sperimentati modelli organizzativi nuovi, molti libri e film hanno raccontato le storie di questa fase della storia d'Europa che nelle aule scolastiche ha visto condensarsi un cambiamento e dei conflitti che nella società agivano con connotati differenti.[2]

Si è parlato di società multietnica e specularmente di multiculturalismo. Solo dopo anni si è capito che il cambiamento in atto era di ben altra natura, non si trattava di misurare le quantità di popolazione proveniente da diverse etnie e di fare in modo che la

---

[2] Una letteratura e una filmografia potenzialmente illimitata, da Igiaba Scego a Francois Bégaudeau o Noëlle De Smet.

nostra società fosse capace di accettare questa molteplicità, né di offrire gli strumenti perché i giovani immigrati potessero integrarsi ai modelli sociali preesistenti nelle nostre comunità. È ancora importante, indubbiamente, l'indagine quantitativa sui flussi migratori, sia per dimensionare con più precisione un fenomeno che produce percezioni distorte che per avere dati precisi su cui gli operatori sociali possano basare le proprie attività. Ma nel frattempo la riflessione sulla società contemporanea metteva in luce la gigantesca trasformazione che sta investendo l'uomo in quella che si definisce ormai l'epoca post-moderna. Un tempo, cioè, in cui l'ancoraggio al territorio tende a essere sempre più debole, i percorsi di vita di ciascuno si svolgono in modo sempre più indipendente rispetto al luogo di nascita, e le categorie che nel novecento hanno sorretto i nostri paradigmi culturali vengono riviste radicalmente.

Negli ultimi anni del '900 il fenomeno più rilevante sembrava essere la globalizzazione, e a partire dalla sua analisi studiosi come Bauman, Augè o Castells, per citarne qualcuno di ambiti molto differenti, misero in luce le nuove interpretazioni dello spazio, causate dalla libertà di movimento del capitale ma anche dall'espansione delle reti di comunicazione e dal cambiamento della relazione tra spazio di vita e identità individuale. Società liquida, reti, non-luoghi, post-geografia, sono termini che sono serviti ad illuminare aspetti della nuova società ancora difficile da leggere. Tutti ruotavano attorno all'evidenza che, insieme al capitale, anche le informazioni, le merci, gli individui, nella società contemporanea sono incredibilmente mobili, i confini spaziali hanno cambiato connotazione e valore. Castells, ad esempio, sottolinea la novità della città globale:

> La città globale è una rete di nodi urbani, a differenti livelli e con diverse funzioni, che si estende su tutto il pianeta e funge da centro nervoso della nuova economia, in un sistema interattivo di geometria variabile a cui le aziende e le città si devono adattare in modo costante e flessibile.[3]

---

[3] J. Borja e M. Castells.

Bauman, invece, individua nella mobilità il fattore di distinzione nella società post-moderna:

> La mobilità assurge al rango più elevato tra i valori che danno prestigio e la stessa libertà di movimento, da sempre una merce scarsa e distribuita in maniera ineguale, diventa rapidamente il principale fattore di stratificazione sociale dei nostri tempi, che possiamo definire tardo-moderni o postmoderni.[4]

Non erano ancora entrati in gioco i potenti flussi migratori dei primi decenni del 2000, ma credo che bisogna partire dall'analisi della società globalizzata per comprendere che il tema dell'interculturalità non nasce con le migrazioni delle migliaia di donne, bambini ed uomini a bordo dei barconi nel Mediterraneo né con le marce dei disperati dall'America Latina verso gli Stati Uniti, ma da una interpretazione del legame tra uomo e territorio del tutto nuova nella storia dell'umanità. D'altra parte gli studi cui abbiamo fatto riferimento, e altre riflessioni di carattere più strettamente filosofico, sul rapporto con l'Altro, sulla definizione dell'identità nella relazione con un diverso da noi che ha assunto connotati nuovi rispetto a quello cui eravamo abituati nell'età moderna (Ricoeur, Derrida, Lèvinas, per citare alcuni pensatori tra i più rilevanti su questi argomenti) spingevano già ad affrontare il tema della formazione dell'individuo, quindi della "politica" scolastica tenendo conto di questa nuova complessità. Dentro il quadro teorico dell'educazione interculturale e della conseguente riflessione sull'organizzazione e la gestione delle scuole nel contesto interculturale ritengo poi vada compresa tutta la ricca e proficua riflessione sulla differenza, meglio ancora sulle differenze, che ha attraversato l'ultima parte del secolo sia sotto forma di riflessione sulle differenze di genere e sul rapporto uomo/donna che come riflessione sull'inclusione sociale e scolastica delle diversabilità.

Non si tratta di programmare attività per stranieri, né azioni che migliorino il livello di tolleranza delle nostre comunità sco-

---

[4] Z. Bauman.

lastiche, ma comprendere che dall'emergenza dei contesti multi-culturali arriviamo a un nuovo paradigma, che è ancora definibile interculturale, in realtà per operare un passaggio in cui la cultura delle differenze e della molteplicità, degli incontri, dei linguaggi contaminati e coesistenti, diventi, semplicemente, la modalità di approccio all'umano, di comprensione ed espressione del vissuto psicologico di ciascuno, di costruzione di ogni modello di convivenza. È stato detto molto bene nel documento dal titolo "Per una scuola interculturale":

> Siamo insomma alla fase in cui l'origine dell'educazione inter-culturale è da collegarsi allo sviluppo dei fenomeni migratori e, tuttavia, oggi essa ha abbandonato il terreno dell'educazione speciale rivolta ad un gruppo sociale specifico diventando un approccio pedagogico innovatore per la rifondazione del curri-colo in generale.[5]

Si tratta di assumere la diversità come cifra dell'identità stessa della società e della scuola nel pluralismo, come occasione per aprire l'intero sistema a tutte le differenze (di provenienza, genere, livello sociale, storia scolastica).[6] Il lavoro concreto sarà fondato sulla convinzione che occorre individuare strategie di azioni, attività, metodologie, non limitandoci soltanto ad analizzare il percorso scolastico degli alunni stranieri, ma considerando la specificità della differenza determinata dall'essere nato in un'altra nazione, o del vivere in un nucleo familiare composto da cittadini non italiani come dato per attivare strategie personalizzate, che abbiano l'obiettivo di far raggiungere all'alunno il massimo delle competenze che potrà, ma dentro un'istituzione scolastica che nel suo complesso, nella sua stessa struttura organizzativa, è orientata alla valorizzazione delle differenze e non alla loro semplice rimozione o assimilazione.

L'interculturalità è la cifra distintiva della società di oggi, e non solo nel senso di convivenza tra persone nate in paesi diversi,

[5] M. Fiorucci.
[6] La via italiana per la scuola interculturale e l'integrazione degli alunni stranieri, MIUR, 2007.

ma nel senso di una società in cui non esiste più una cultura dominante, con il suo sistema valoriale, simbolico, che traccia la forma delle vite e del sapere degli uomini. Nella società di oggi molte culture si intrecciano e convivono, con linguaggi, apparati simbolici, codici comunicativi, differenti. È un fenomeno che matura da decenni, ormai, che può identificarsi, come abbiamo accennato, con la trasformazione cosiddetta *post-moderna*. Ne è stata un'anticipazione l'irrompere delle culture giovanili negli anni '70, e poi nei decenni successivi la legittimazione dei linguaggi *pop*, nella musica come nell'arte, e soprattutto il fatto che ad un certo punto non si è percepita più l'esigenza di mettere in conflitto tra loro le diverse culture. Il passaggio alle società multiculturali, dovuto alle prime migrazioni della fine del secolo scorso, si è inserito in contesti in cui già era difficile, se non ricorrendo a stereotipi decisamente vuoti di significato reale, individuare in occidente, nazione per nazione, culture egemoni omogenee. Per fare un esempio un po' banale, le polemiche sui presepi e i crocifissi si sono innestate in modo paradossale in comunità che avevano trasformato già da anni Natale nella festa dei doni sotto l'albero e di Santa Klaus, o per le quali i primi giorni di novembre sono indubbiamente il tempo di Halloween.

L'EDUCAZIONE E LA SCUOLA IN UNA SOCIETÀ INTERCULTURALE.

Le istituzioni educative hanno definito la propria missione sempre in relazione all'idea che ciascuna società ha avuto della Cultura e del ruolo che questa assume nella vita dell'individuo. Tra il XIX e il XX secolo il consolidamento degli stati nazionali e la caratterizzazione occidente/oriente portò alla definizione di un sistema in cui la cultura si connotava fortemente con la storia dei popoli ed alla scuola si assegnava il compito di trasferire al maggior numero possibile di individui i contenuti delle singole discipline. La diffusione delle conoscenze, prima appannaggio soltanto di ristrette élite, poteva avere contemporaneamente l'effetto di rafforzare la coscienza nazionale e di fornire a ciascun uomo e donna strumenti di emancipazione sociale. Questo schema funzionava finchè appunto il sistema culturale era costituito da riferimenti simbolici forti e condivisi, ma già l'era del post-colonialismo aveva avviato una profonda revisione di quell'impostazione (gli scritti di Said e tutto il movimento dei Cultural Studies).

Oggi, passati da un paradigma di riferimenti simbolici forti e condivisi ad una cultura fragile, costruita su elementi di senso deboli, la scuola manifesta la propria confusione senza saperle dare un nome. L'abbandono scolastico, la distanza tra i percorsi di formazione e l'occupazione, i risultati scadenti degli studenti nella valutazione della *literacy* scientifica e delle competenze linguistiche sono prove costanti di uno smarrimento di senso da parte dell'istruzione. La risposta istituzionale e politica a questi fenomeni è stata superficiale, perchè ha tentato di riformare aspetti secondari del processo di formazione dell'individuo, agendo ad esempio sui metodi, senza però discutere gli obiettivi e i contenuti, oppure aggiungendo contenuti disciplinari, creando cioè una giustapposizione acritica e a volte labirintica di saperi.

L'educazione intercuturale si dovrebbe interrogare invece soprattutto sui codici culturali, riformare lo statuto epistemologico delle discipline che insegniamo a scuola. Se l'insegnamento della Storia della filosofia, o dell'arte, o della letteratura, per fare alcuni esempi, resta legato alla riproduzione di un sistema di simboli e linguaggi tutto rinchiuso nel perimetro dell'Europa ottocentesca, o comunque evidentemente finalizzato a quella visione della cultura e dei saperi, non solo non riusciremo a offrire agli studenti strumenti per essere uomini liberi e consapevoli, ma parleremo loro in una lingua ormai incomprensibile, tracciando solchi che portano più spesso, ormai, all'indifferenza che alla contestazione, da parte dei giovani.

Il grande orizzonte verso cui deve rivolgersi oggi la scuola a tutti i livelli è l'individuazione di un nuovo catalogo di competenze fondamentali, di oggetti culturali da definire attingendo al sapere globale. Si può continuare a studiare la letteratura, la musica, la filosofia, l'arte, seguendone lo sviluppo nell'ambito di ciascuna nazione? Don Chisciotte o Moby Dick, Dante Alighieri o Baudelaire, Rousseau o Hegel, sono tasselli indispensabili per la comprensione del mondo contemporaneo, per leggere le fragilità e la complessità del mondo e dell'individuo, non possiamo continuare ad ingabbiarli in discipline che riproducono i confini geografici degli stati.

Allora la scuola deve rispondere alla sfida della formazione dell'individuo contemporaneo, che non si confronta più con il problema delle sue radici in termini territoriali, ma con quello dello smarrimento di senso del suo futuro e del suo passato. Non ci serve più un sapere che rafforzi la nostra identità "geografica", ma un sapere orientato a fornirci un equilibrio tra memoria e immaginazione, che faccia leggere il presente in tutta la sua complessità per rendere pensabile un futuro individuale e collettivo attraverso la nuova lingua della cultura globale.

LA SCUOLA PERMEABILE.

Un sistema di saperi orientati in modo diverso dentro un intero sistema scolastico improntato alla logica della complessità e dell'inclusione, un sistema intero che in ogni suo aspetto deve avere il dialogo tra gli uomini come suo obiettivo di merito e di metodo. Guardare, toccare, *le visage de l'autre* come pratica quotidiana dell'insegnamento ma anche della vita delle istituzioni scolastiche in ogni loro espressione.

La scuola è un organismo vivo dentro una comunità a sua volta in movimento: il territorio da cui provengono gli alunni, in cui vivono loro e le loro famiglie. Perciò il vero obiettivo finale non è quello di realizzare una scuola pienamente inclusiva, capace di fare sentire tutti ugualmente importanti, di esaltare le differenze come i tratti costitutivi della personalità di ciascuno, di sprigionare il massimo potenziale di ciascun alunno, ma quello di rendere la scuola un organismo permeabile, dove entrino contraddizioni e problemi della società, e allo stesso tempo ne escano, rigenerati, in forma di speranza e di progetto. Una scuola permeabile, dunque, per vincere l'ottuso tentativo di far credere che possano esistere comunità impermeabili alle sofferenze, alle aspirazioni, ai desideri degli uomini, una scuola intrisa di vita e traboccante, dove non si celebra una cultura ormai vecchia, ma si genera una cultura nuova.

BIBLIOGRAFIA

Bauman, Zigmunt, *Dentro la globalizzazione. Le conseguenze sulle persone.* Bari-Roma: Laterza, 1999.

Bégaudeau, Francois. *La classe*, Torino: Einaudi, 2010.

Borja, Jordi / Castells Manuel, *La città globale. Sviluppo e contraddizioni delle metropoli nel terzo millennio*; con la collaborazione di Mireia Belil e Chris Benner. Novara: De Agostini, 2002.

De Smet, Noëlle, *In classe come al fronte*. Macerata: Quodlibet, 2008.

Fiorucci, Massimilliano, "Per una scuola interculturale." https://www.siped.it/wp-content/uploads/2015/06/Per_una_scuola_interculturale.pdf

Giusti, Mariangela, *Teorie e metodi di pedagogia interculturale*. Bari-Roma: Laterza, 2017.

Levinas, Emmanuel, *Altérité et transcendance*. Paris: Fata Morgana, 1995

Morin, Edgar, *Insegnare a vivere, manifesto per cambiare l'educazione.* Milano: Raffaello Cortina Editore, , 2015.

Portera, Agostino, *Manuale di pedagogia interculturale*. Bari-Roma: Laterza, 2013.

Said, Edward, Orientalismo. *L'immagine europea dell'oriente*. Milano: Feltrinelli, 1999.

Scego, Igiaba. *La mia casa è dove sono*. Milano: Loescher, 2012

SCONTRI, INCONTRI E SCAMBIO DEI RUOLI NELLA NOVELLA DI MESSER TORELLO E DEL SALADINO
(*Decameron* X, 9)

Roberta Maugeri

Tra le novelle decameroniane che hanno come protagonista il Saladino e nelle quali l'ampliamento dello spazio geografico procede di pari passo con una chiara "apertura ideologica alla realtà culturale, religiosa e antropologica dei Paesi del Vicino e Medio Oriente" (Spalanca, 38) da parte dell'autore, la novella X, 9 (raccontata da Panfilo) è particolarmente significativa per diverse ragioni: non solo poiché il sultano d'Egitto è incluso tra i personaggi "magnanimi" della giornata X,[1] ma anche per via dello sviluppo singolare della vicenda. Infatti, durante la preparazione della terza crociata contro i cosiddetti infedeli, in seguito a un incontro del tutto casuale nasce tra il sovrano orientale e il nobile messer Torello una sincera e profonda amicizia, fatta di scambi di cortesie e, a nostro parere, anche di ruoli.

Si ritiene opportuno ripercorrere gli eventi salienti della novella: il Saladino, da "valentissimo signore qual è" (Boccaccio, 873), si traveste da mercante e si reca con un piccolo seguito di uomini nei territori cristiani per osservare personalmente i preparativi della terza crociata e allestire meglio la difesa della Terra Santa. Lungo la strada per Pavia egli s'imbatte in un "gentile uomo" (873) di nome messer Torello, il quale intuisce la sua natura nobile nonostante le vesti da mercante[2] e architetta uno "stratagemma" benevolo per ospitarlo nella propria casa, senza invitarlo direttamen-

---

[1] Il fatto che il Saladino sia uno dei protagonisti della giornata dedicata alla magnificenza è uno dei segni tangibili del carattere laico e tollerante del *Decameron*, evidenziato da Giuseppe Petronio (37-38).

[2] Sul concetto della nobiltà che un personaggio emana e fa percepire nonostante gli abiti dimessi, cfr. Luigi Russo (334).

te.³ Il Saladino, a sua volta, comprende a pieno la magnificenza di Messer Torello, che gli usa ogni genere di cortesia e gli presenta persino la moglie, madonna Adalieta.⁴ Si instaura, dunque, tra i due protagonisti un legame di profondo affetto, cosicché, quando il Saladino deve far ritorno in Oriente, essi hanno difficoltà a separarsi. In seguito messer Torello, partito per la crociata e fatto prigioniero, si ritrova per puro caso alle dipendenze del sovrano saraceno, che gli ricambia tutti gli onori ricevuti. Soprattutto, il Saladino fa in modo che l'amico, attraverso un rituale negromantico, possa ritornare a Pavia in una notte, in tempo per impedire le nuove nozze della moglie Adalieta.

Sui molteplici aspetti che caratterizzano la novella X, 9 si sono soffermati nel corso degli anni vari studiosi.

Luigi Russo, ad esempio, colloca questa storia tra "le più grandi che siano sortite dalla fantasia del Boccaccio" (333), poiché effettivamente non è semplice trovarne altre di così ricca ispirazione: "dal gusto della cortesia al gusto del fiabesco, al gusto comico della sorpresa, alla commozione del riconoscimento [...]" (358-359).

Franco Fido definisce la novella di messer Torello e del Saladino esemplare sotto vari punti di vista. Innanzitutto, si ripropongono in questo racconto situazioni ed espedienti già trattati nel corso delle precedenti giornate: ad es., gli 'stratagemmi' messi in atto per usar cortesia nel rispetto della differenza di classe, l'accortezza che consente a personaggi di estrazione sociale diversa di confrontarsi alla pari, ecc. Inoltre, secondo lo studioso la novella X, 9 si distingue dalle altre della medesima giornata per la caratterizzazione umana dei personaggi (16 e ss).

---

³ Messer Torello si offre di aiutare il Saladino e i suoi uomini a trovare un alloggio per la notte e li affida a un suo servo "discreto" (Giovanni Boccaccio, *Decameron, op. cit.*, 873), cioè "accorto" (ivi, Note, 1181), perché li conduca proprio al suo podere sul Ticino senza che essi se ne avvedano.
⁴ Luigi Russo (344-345) sottolinea che nel Medioevo far conoscere la propria sposa era il massimo della cortesia che si potesse usare a un ospite, poiché molto raramente le donne erano ammesse ai conviti.

Ada Novajara si colloca sulla stessa linea di Fido, evidenziando che nella pratica della cortesiasi annulla la distanza sociale esistente tra il sultano e il nobile cristiano (168 ss).

Ancora, Anna Pegoretti coglie nell'amicizia che nasce tra i due protagonisti la riconciliazione tra "le due parti del mondo" (113), quella occidentale e quella orientale.

In maniera simile, Lavina Spalanca afferma che la storia di messer Torello e del Saladino non è soltanto un susseguirsi di scambi di cortesie, ma costituisce un' "allegorica vicenda" mediante la quale "Boccaccio oltrepassa ogni steccato ideologico e religioso in virtù della sostanza umana dei due protagonisti" (39).

In questa sede ci si propone di rianalizzare la novella X, 9, rintracciando nel testo quegli elementi, anche linguistici, che esprimono la solidarietà e, in certi casi, la perfetta sovrapponibilità di messer Torello e del Saladino, i quali, come già detto, sembrano a tratti fluire l'uno nell'altro e scambiarsi le parti.

Punto di partenza è proprio la rubrica della novella, in cui il narratore Boccaccio/Panfilo utilizza gli stessi identici verbi per esprimere le medesime azioni che i personaggi compiono:

> Il Saladino in forma di mercatante è onorato da messer Torello; fassi il passaggio; messer Torello dà un termine alla donna sua per rimaritarsi; è preso e [...] viene in notizia del soldano, il quale, riconosciuto e sé fatto riconoscere, sommamente l'onora; messer Torello [...] per arte magica in una notte n'è recato a Pavia; e alle nozze che della rimaritata sua moglie si facevano da lei riconosciuto con lei a casa sua se ne torna. (Boccaccio, 872)

Il Saladino, appunto, 'onora' messer Torello come è stato 'onorato' da questi, e lo 'riconosce' facendosi poi 'riconoscere' da lui; a sua volta, anche messer Torello 'si fa riconoscere' dalla moglie.

Esaminiamo ora il testo della novella, che si è scelto di dividere idealmente in due parti: la prima è incentrata su quella che potremmo definire la 'trasformazione' del Saladino in un personaggio occidentale, anche se, secondo quanto si mostrerà più avanti, tale metamorfosi non avviene in maniera, per così dire, completa. Nella seconda parte, al contrario, messer Torello si trasforma progressivamente in un saraceno.

Il primo atto della 'trasfigurazione' del Saldino è il travestimento da mercante: egli, cioè, toglie i panni del sovrano d'Oriente e veste quelli di un uomo non aristocratico per mimetizzarsi tra i suoi nemici durante il viaggio nel mondo cristiano.

Particolarmente interessante è, poi, il momento in cui il Saladino e i suoi uomini, a cena con messer Torello, possono intrattenersi piacevolmente con lui poiché conoscono bene il latino: "Il Saladino e' compagni e' famigliari tutti sapevan latino, per che molto bene intendevano ed erano intesi" (874). Dunque, il Saladino è capace non solo di travestirsi da mercante, ma pure di utilizzare la lingua dell'Occidente.

Quella notte messer Torello fa riposare i suoi ospiti in dei "bellissimi letti" (875) che, come vedremo successivamente, troveranno una puntuale corrispondenza nel "bellissimo e ricco letto" (885) su cui il Saladino farà adagiare messer Torello.

L'indomani, il Saladino conosce la moglie di messer Torello, Madonna Adalieta, la quale, "valente" (877) al pari del marito, gli dona delle belle vesti "non miga cittadine né da mercatanti ma da signore" (877), dicendo: "Prendete queste: io ho delle robe il mio signore vestito con voi [...]" (877).

Attraverso il dono di questi abiti dovrebbe avvenire il primo scambio dei ruoli tra i due protagonisti, in quanto il Saladino, sovrano saraceno, riceve delle vesti uguali a quelle di messer Torello, personaggio dell'Occidente cristiano.

In realtà, come si accennava, il Saladino non si trasforma del tutto in un uomo dell'Occidente perché non indossa gli abiti ricevuti da madonna Adalieta, ma si limita a custodirli, per poi utilizzarli più avanti, al momento del riconoscimento con messer Torello.

La prima delle due parti in cui è stato diviso il racconto si conclude nel momento in cui i due protagonisti, ormai affezionatisi reciprocamente, sono comunque costretti a separarsi perché il Saladino deve ritornare in Egitto. Nel salutarsi, entrambi si raccomandano allo stesso Dio:

> [I]l quale [messer Torello], quantunque duro gli fosse il partirsi da loro, disse: "Signori [...] a Dio vi comando".
> Il Saladino, avendo già da tutti i compagni di messer Torello preso commiato, gli rispose dicendo: "Messere [...] andatevi con Dio. (878-879)

In tale formula di commiato sembrano appianarsi per un momento anche le loro divergenze religiose.

Inizia, così, la seconda parte della novella, che vede messer Torello trasformarsi da uomo dell'occidente cristiano in personaggio orientale. Tale metamorfosi, diversamente da quanto osservato per il Saladino, si realizza pienamente. Infatti, quando il Saladino ritrova l'amico ad Alessandria,[5] nel ricambiargli tutte le cortesie ricevute, gli fa indossare dei "reali vestimenti" (Boccaccio, 882). A differenza, quindi, del sovrano, che ha conservato ma non indossato gli abiti occidentali donatigli da Adalieta, messer Torello veste senza esitare i panni del principe orientale.

Questa trasformazione in saraceno, in un certo senso, culmina quando messer Torello, per poter rientrare subito a Pavia, si sottopone ben volentieri alla negromanzia, "portentosa" (Surdich, 101)[6] magia prettamente esotica e orientale. Il Saladino, inoltre, prima di far adagiare il caro ospite sul letto che lo 'trasporterà' a casa a guisa di un tappeto volante,[7] gli fa indossare una splendida veste saracena con un turbante: "comandò che a messer Torello [...] fosse messa indosso una roba alla guisa saracinesca, la più ricca e la più bella cosa che mai fosse stata veduta per alcuno, e in testa alla lor guisa una delle sue lunghissime bende ravolgere" (Boccaccio, 885).

---

[5] Il riconoscimento avviene soprattutto grazie alle vesti che madonna Adalieta ha donato al Saladino e che messer Torello identifica prontamente.
[6] A tale rito negromantico dedica un ampio contributo Émilie Zanone.
[7] Cfr. Luigi Surdich (101) e Roberta Morosini (13).

Messer Torello fa, così, ritorno in patria mediante un rito orientale e con un aspetto da straniero, che lo rende difficilmente riconoscibile anche ai suoi familiari, a cominciare dallo zio, abate della chiesa di San Piero in Ciel d'oro a Pavia, luogo in cui si materializza il letto fatato: "L'abate, con tutto che egli avesse la barba grande e in abito arabesco fosse, pur dopo alquanto il raffigurò [...]" (888).

Avendo appreso dallo zio abate che Adalieta è stata costretta dalla sua famiglia a risposarsi, messer Torello decide di recarsi alla festa nuziale con l'abito con cui si trova, cioè vestito da saraceno, appositamente per osservare in incognito il comportamento e i sentimenti della moglie nei confronti del nuovo sposo: "Avanti che di mia tornata si sappia, io intendo di veder che contentezza fia quella di mia mogliere in queste nozze" (888).

A questo punto è come se il personaggio cambiasse totalmente identità,[8] perché nessuno è più in grado di riconoscerlo: "Venuta dunque l'ora del mangiare, messer Torello in quello abito che era con l'abate se n'andò alla casa del novello sposo, con maraviglia guatato da chiunque il vedeva ma riconosciuto da nullo [...]" (Boccaccio, 889).

L'abate, d'altro canto, suggella e ufficializza il nuovo 'status' del nipote presentandolo a tutti come un "saracino mandato dal soldano al re di Francia ambasciatore" (889).

Anche madonna Adalieta osserva messer Torello senza capire che si tratta di suo marito per via della barba folta e della veste straniera: "Ella similmente alcuna volta guardava lui non già per riconoscenza alcuna che ella n'avesse, ché la barba grande e lo

---

[8] La funzione delle vesti, che confondono e, addirittura, modificano l'identità del personaggio ricorda inevitabilmente il ruolo delle armature nell'epica omerica e cavalleresca: l'armatura, infatti, concorre a definire l'identità dell'eroe o del cavaliere, per non dire che ne è parte integrante. Nell'*Iliade*, ad esempio, Patroclo viene scambiato per Achille perché indossa le sue armi; nella *Gerusalemme liberata* Tancredi uccide accidentalmente l'amata Clorinda poiché non la riconosce, in quanto al momento del duello essa non indossa la sua armatura abituale. Sul ruolo dell'armatura nell'opera dei pupi cfr., inoltre, Salvatore Riolo.

strano abito e la ferma credenza che aveva che egli fosse morto gliele toglievano" (889).

Alla fine il riconoscimento e il ricongiungimento tra i due coniugi avvengono grazie ad un anello che Adalieta ha donato a messer Torello prima della sua partenza.

Da quanto esposto, perciò, appare chiaro, che tra il Saladino e messer Torello, personaggi che incarnano rispettivamente l'essenza dell'Oriente saraceno e quella dell'Occidente cristiano, non vi sia una linea di demarcazione netta. Al contrario, durante tutto il racconto ognuno dei due viene continuamente attirato nell'orbita dell'altro.

Si può affermare anche che la forza di attrazione esercitata dal protagonista orientale risulta più forte di quella messa in atto dal protagonista cristiano.[9] Il Saladino, infatti, se per un verso si traveste da mercante e mostra di conoscere bene il latino, per un altro rifiuta consapevolmente di trasformarsi del tutto in un uomo simile a messer Torello, scegliendo di non indossare le vesti ricevute da madonna Adalieta. Viceversa, messer Torello accetta con gioia di diventare un nobile orientale, lasciandosi vestire e crescere la barba alla maniera saracena.

Per di più, la decisione di tramutarsi in un uomo d'Oriente si rivela una strategia vincente per quest'uomo, il cui comportamento nella parte finale della novella ricorda quello di un altro celeberrimo personaggio, noto per la sua curiosità verso l' 'altro', oltre che per la sua furbizia: Ulisse.

Come l'astuto eroe greco, anche messer Torello decide di far ritorno nella propria casa sotto mentite spoglie per verificare la fedeltà della moglie; alla stessa maniera di Ulisse, che inizialmente si fa riconoscere solo da una ristretta cerchia di persone fidate (es. il guardiano di porci Eumeo, la nutrice Euriclea ecc.), messer Torello palesa la sua vera identità unicamente allo zio, l'aiuto del

---

[9] Riguardo al fascino che il mondo orientale esercita da sempre su quello occidentale cfr. Raffaele Girardi (XII).

quale gli è indispensabile per poter prendere parte al banchetto nuziale:

> e per ciò, quantunque usanza non sia le persone religiose anda-
> re a così fatti conviti, io voglio che per amor di me voi ordiniate
> che noi v'andiamo
> L'abate rispose che volentieri; e come giorno fu fatto mandò al
> nuovo sposo dicendo che con un compagno voleva essere alle
> sue nozze; a cui il gentile uomo rispose che molto gli piacea.
> (Boccaccio, 888-88)

Altra qualità che messer Torello condivide con il re di Itaca è la pazienza con cui sa osservare la situazione e attendere il momento opportuno per agire: "Fu adunque messer Torello messo a una tavola appunto rimpetto alla donna sua, la quale egli con grandissimo piacer riguardava, e nel viso gli pareva turbata di queste nozze" (Boccaccio, 889).

Traendo delle conclusioni, in un'opera dalle ampie vedute qual è il Decameron di Giovanni Boccaccio è possibile che, nel contesto di uno scontro tra due civiltà del Mediterraneo, un sultano saraceno e un nobile cristiano, incontratisi casualmente, diventino amici e, addirittura, si assimilino l'uno all'altro, anche se in misura differente, mettendo quasi da parte la propria confessione religiosa.

Tale processo di assimilazione avviene in parte attraverso la lingua (si pensi all'utilizzo del latino da parte del Saladino) e gli oggetti (come i bei letti messi a disposizione tanto da messer Torello quanto dal Saladino), ma soprattutto attraverso le vesti che, una volta indossate, modificano totalmente, oppure in parte, i connotati del portatore.

Ad ogni modo, quella di vestire o meno i panni altrui è sempre una scelta consapevole e motivata. Il Saladino, da una parte, decide di indossare vesti da mercante per non farsi riconoscere dagli avversari cristiani, dall'altra sceglie di non mettere gli abiti che lo renderebbero uguale a messer Torello. Quest'ultimo, vice-versa, si presenta volutamente alla moglie vestito da saraceno per osservarne il comportamento, utilizzando un espediente che lo avvicina molto a Ulisse, maestro di stratagemmi astuti e protagonista per eccellenza di incontri e scontri nel Mediterraneo.

BIBLIOGRAFIA

Barberi Squarotti, Giorgio, a cura di, *Prospettive sul Decameron*. Torino: Tirrenia stampatori, 1989.

Boccaccio, Giovanni. *Decameron*. a cura di Vittore Branca, Milano: Mondadori, 1992.

Bremer, Donatella, Davide de Camilli e Bruno Porcelli, a cura di, *Nomina, Studi di onomastica in onore di Maria Giovanna Arcamone*. Pisa: ETS, 2013.

Fido, Franco. *Il regime delle simmetrie imperfette. Studi sul "Decameron"*. Milano: Angeli, 1988.

Formisano, Luciano e Roberta Morosini, a cura di. *Boccaccio Veneto: settecento anni di incroci mediterranei*. Atti del Convegno Internazionale, Venezia, Wake Forest University, Casa Artom, 20-22 giugno 2013, Ariccia: Aracne, 2015.

Girardi, Raffaele. *Raccontare l'altro. L'Oriente islamico nella novella italiana da Boccaccio a Bandello*. Napoli: Liguori Editore, 2012.

Morosini, Roberta. *Introduzione*, in *Boccaccio Veneto: settecento anni di incroci mediterranei*. Atti del Convegno Internazionale, Venezia, Wake Forest University, Casa Artom, 20-22 giugno 2013, a cura di Luciano Formisano e Roberta Morosini. Ariccia: Aracne, 2015.

Novajara, Ada. "Dalla pratica della virtù all'esercizio del potere", in *Prospettive sul Decameron*. a cura di Giorgio Barberi Squarotti. Torino: Tirrenia Stampatori, 1989.

Pegoretti, Anna. "'Di che paese se' tu di ponente?' Cartografie boccacciane", *Studi sul Boccaccio* XXXIX (2011): 83-113.

Petronio, Giuseppe. *Il Decamerone*. Roma-Bari: Laterza, 1974.

Riolo, Salvatore. "Onomastica cavalleresca dalle Chansons de geste all'Opera dei pupi", in *Nomina, Studi di onomastica in onore di Maria Giovanna Arcamone*. a cura di Donatella Bremer, Davide de Camilli e Bruno Porcelli. Pisa: ETS, 2013. 483-495.

Russo, Luigi. *Letture critiche del Decameron*. Bari: Laterza, 1956.

Spalanca, Lavinia. "In terre marine. Avventuroso, fiabesco ed esotico nel *Decameron*", *Esperienze letterarie* XLI.1 (2016): 25-41.

Surdich, Luigi. *Boccaccio*. Bologna: Il Mulino, 2008.

Zanone, Émilie. "*Per arte nigromantica*: la magie orientale dans la nouvelle de messire Torello *(Decameron* X, 9)", *Cahier d'études italiennes* XXI (2015): 169-182.

LA PICCIRIDDUNA AND THE LITTLE LADY
Post-apocalyptic Sicily in Niccolò Ammaniti's *Anna* and in English translation

Ilaria Parini
UNIVERSITY OF MILAN

INTRODUCTION

One of the fundamental principles of translation theories is that the activity of translating a text does not merely imply transferring a text from one language (the source language — SL) to another (the target language — TL). Rather, translating texts is an operation that involves not only dealing with the language in which that text was written, but also with the culture that is connected to it inextricably. Culture, indeed, goes hand in hand with language. This concept is universally acknowledged by translation scholars and has been extensively developed by many of them. Among the numerous scholars who have approached this issue, I will quote only a few in order to highlight the importance of the interdependence of language and culture in translation, as it would be impossible to cite them all. Nida (1964:130), for example, states that "translation problems depend on the cultural and linguistic gap between the SL and TL" and "differences between cultures may cause more severe complications for the translator than do differences in language structure"; Bassnett (1980: 13-14) stresses the importance of the interrelation between language and culture by stating that language is "the heart within the body of culture"; Toury (1995: 56) defines translation as, "an activity which inevitably involves at least two languages and two cultural traditions". Finally, it is worth mentioning House (2009:11-12), who summarizes the connection between language and culture in the process of translation in a clear and articulate way in the following passage:

> Translation is not only a linguistic act; it is also a cultural one, an act of communication across cultures. Translation always involves both language and culture simply because the two cannot

really be separated. Language is culturally embedded: it both expresses and shapes cultural reality, and the meaning of linguistic items, be they words or larger segments of text, can only be understood when considered together with the cultural context in which these linguistic items are used [...]. In the process of translation, therefore, not only the two languages but also the two cultures come into contact. In this sense, translating is a form of intercultural communication.

Hence, considering the close relationship between language and culture, it is an indubitable fact that translation from one language to another cannot be performed successfully without knowledge of the two cultures involved. However, what do we mean exactly by culture? The concept of culture is universal, though it is used with different nuances of meaning in various disciplines, e.g. anthropology, political sciences, sociology, literary studies etc. In this paper the concept of culture will be used following Newmark's definition, as he emphasises the relation between culture and language, which, as mentioned earlier, is of extreme importance. Newmark defines culture as "the way of life and its manifestations that are peculiar to a community that uses a particular language as its means of expression" (1988:94), consequently acknowledging the fact that each language group has its own culturally specific features. One manifestation of culture in language is the usage of words and phrases that refer to cultural entities. The aim of this paper is to analyse the translation of culture specific references from Italian into English, taking as a case study the book *Anna* (2015) by Niccolò Ammaniti.

TRANSLATING CULTURE SPECIFIC ITEMS
References to culture specific elements are all those words and expressions that refer to culture-specific material elements. They have been called in various ways by different scholars. Baker (1992: 21) refers to cultural entities as "culture-specific concepts"; Newmark (2010: 173) calls them "foreign cultural words"; Nord (1997:

34) names them *"culturemes"*; Gambier (2004: 159) uses the expression "culture-specific references"; Robinson (1997: 35) refers to them with the terms *"realia"* and "culture-bound phenomena". However, the most widely accepted expression currently seems to be culture-specific items (henceforth CSIs) (Davies 2003: 68).

Various taxonomies of CSIs have been put forth by different scholars, and I will report here only few of them, before presenting my own proposal. Newmark first classifies "foreign cultural words" under the categories of 1) ecology, 2) material culture, 3) social culture, 4) organization, customs, activities, procedures, concepts, 5) gestures and habits (1988: 95), whereas in a subsequent study he developed his classification of CSIs under the headings of 1) ecology, 2) public life, 3) social life, 4) personal life, 5) customs and pursuits, 6) private passions (2010: 173-177). Espindola, on the other hand, categorises CSIs as 1) toponyms, 2) anthroponyms, 3) forms of entertainment, 4) local institution, 5) measuring system, 6) means of transportation, 7) food and drink, 9) scholastic reference, 10) fictional character, 10) religious celebration (2006: 40-69). Ranzato, instead, proposes the following categories: 1) source culture references, 2) intercultural references, 3) third culture references, 4) target culture references (2016: 66).

In this paper, first I will consider the categorization of CSIs proposed by Aixela (1997: 59). The scholar proposes two broad categories of CSIs: proper names and common expressions. Proper names include both conventional names (that is, names that do not have any meaning in themselves) and names that are loaded with certain historical and cultural associations. Common expressions, instead, cover the world of objects, institutions, habits and opinions restricted to each culture, which cannot be included in the field of proper names.

Under each of the two broad categories introduced by Aixela, I will propose my own sub-classification of specific CSIs, namely:

> Proper names: 1) brands; 2) geographical places (names of cities, towns, streets and squares); 3) local places (restaurants, bars, supermarkets, shops, banks, hospitals); 4) music and songs (titles or

lyrics); 5) television (broadcasters, channels, programmes); 6) newspapers, magazines, books; 7) famous people (actors, singers, politicians, TV presenters, sportspeople); 8) fictional characters; 9) organizations; 10) religion; 11) nicknames and pets' names; 12) others.
Common expressions: 1) food and dishes; 2) units of measurements and currencies; 3) others.

As with the categorization of CSIs, various scholars have also proposed varying taxonomies for the different translation strategies used to translate them. Newmark (1988: 103), for instance, proposes twelve different translation procedures, namely "transference", "cultural equivalent", "neutralisation" (i.e. functional and descriptive equivalent), "literal translation", "label", "naturalisation", "componential analysis", "deletion", "couplet", "recognized translation", "paraphrase, gloss, notes etc.", and "classifier". In a subsequent study, however, the scholar (2010: 176-177) suggests a new taxonomy, namely "transference", "cultural equivalent", "descriptive equivalent", componential analysis", and "transonym". Aixela (1997: 61-65) puts forth eleven strategies for translating CSIs, which are ranked along a scale from a lesser to a greater degree of intercultural manipulation and are divided into two major groups, from conservation ("repetition", "orthographic adaptation", "linguistic (non-cultural) translation", "extratextual gloss" and "intratextual gloss") to substitution ("synonymy", "limited universalisation", "absolute universalisation", "naturalisation", "deletion" and "autonomous creation"). Katan (1999: 87) only distinguishes three main translation strategies: "generalisation", "deletion" and "distortion". Davies (2003: 72-89) suggests the strategies of "preservation", "addition", "omission", "globalisation", "localisation", "transformation", and "creation". Finally, Ranzato (2016: 83-84) singles out ten strategies: "official translation", "calque", "explicitation", "generalisation by hypernym", "concretisation by hyponym", "substitution", "lexical recreation", "compensation", "elimination" and "creative addition". In a few words, as Ramière (2006: 156) states, "scholars do not agree on the number of procedures available to translators, or on how to label them."

For the analysis carried out in this paper, I will discuss the choices performed by the translator firstly drawing on Venuti's principles of *domestication* and *foreignization* (1995: 19-20), according to which the translator either "leaves the reader in peace, as much as possible, and moves the author towards him" (a target-oriented approach, whose ultimate aim is to avoid any estrangement effect in the reader and condones manipulating the text to achieve the desired result) or "leaves the author in peace, as much as possible, and moves the reader towards him" (a source-oriented approach, which aims at retaining as many cultural aspects of the source text as possible). After making a broad distinction between domesticating and foreignizing strategies, therefore, I will analyse the specific strategies used to obtain one or the other effect, proposing the following taxonomy:

- domesticating strategies: literal translation, free translation/ adaptation, explicitation, generalisation, substitution, and omission;
- foreignizing strategies: preservation.

I will now explain in detail what each of these strategies involve in practice[1]:

Literal translation: As can be easily inferred, this strategy implies the translation word-by-word of the SL element into the TL. In literary texts, it can be observed, for example, with names of local places (such as restaurants: *Il barilotto del nonno* → *The Grandfather's Barrel; Il vecchio carro* → *The Old Wagon*; or banks: *il Banco di Roma* → *the Bank of Rome*), with people's nicknames (*il Fiamma* → *Flame; il Ganascia* → *Jawbone*), TV shows (*Buongiorno Italia* → *Good Morning, Italy; Carramba che sorpresa!* → *Carramba what a surprise!*), TV channels (*Canale Cinque* → *Channel Five*), books and alike (*Enciclopedia Conoscere* → *Encyclopaedia Knowledge*). Sometimes it is also used with names of geographical places (*Le Agavi* → *The Agaves, Isola Rossa* → *Red Island*) and it may also be found with titles of songs (*Alba Chiara* → *Clear Dawn*). With common names, it is also widely

---

[1] The examples provided are all taken from the analysis of the English translation of Ammaniti's novel *Ti prendo e ti porto via* (see Parini 2008).

used with names of local dishes (*fettuccine paglia e fieno* → *straw-and-hay fettuccine; pappardelle mare e monti* → *sea-and-mountains pappardelle*) and with the lyrics of songs (*Vedrai, vedrai, vedrai che cambierà...* → *You'll see, you'll see, you'll see, things will change...; Che strano uomo avevo io, con gli occhi dolci quanto basta...* → *What a strange man I had, with eyes as soft as velvet...*).

Free translation/adaptation: This strategy involves translating CSIs by rendering them in the target text (TT) with expressions which do not represent the literal translation of the expressions in the source text (ST), but somehow are connected to the evocative meaning suggested by the original (often by analogy with a corresponding existing item in the TL). This strategy can be found, for example, with brands and household names (*Tenerezze del Mulino Bianco* → *Mulino Bianco Crumbly Delights; Tuttocittà* → *Rome A to Z; Rai* → *Italian Broadcasting Corporation - IBC*); magazines (*TV Sorrisi e Canzoni* → *This Week on TV; Confidenze amorose* → *Heart to Heart*); TV shows (*Domenica In* → *Sunday Live*) and people's nicknames (*Mr Trumbador* → *Mr Casanova*).

Explicitation: When applying this strategy, the translator makes the TT more explicit than the ST, usually adding information that is not present in the ST. This is generally done either by inserting words within the CSI or with an intratextual gloss, which aims at providing additional information about the CSI and making its reference more clear to the target reader. This can be observed with brands (*Uno turbo Gti* → *Fiat Uno Turbo GTI*); *Viennette Algida* → *Algida Viennetta ice creams*), local places (*Caldarelli* → *Caldarelli hospital; Villaggi Valtur* → *Valtour holiday village*), names of streets (*L'Aurelia* → *Via Aurelia, Corso Italia* → *the main street, Corso Italia*), proper names of famous people (*la Carrà* → *Raffaella Carrà*), fictional characters (*Il gatto e la volpe* → *the cat and the fox in Pinocchio*), TV programmes (*il Maurizio Costanzo* → *the Maurizio Costanzo Show; Quark* → *Quark Science*); with common names it can be used with food and dishes (*pecorino* → *pecorino cheese, cantuccini* → *cantuccini biscuits; rognoni trifolati* → *sautéed lamb's kidneys with garlic and parsley*) and with units of measurements (*trentasette gradi* → *thirty-seven degrees Celsius*). Also the spelling out of acronyms can be considered as a strategy of explicitation (*Tmc → Telemontecarlo*).

Generalisation: This strategy implies the substitution of an element in the ST with a hyperonym in the TT, usually an expression whose literal meaning is wider and less specific than the expression used in the ST. Thus, the specific CSI in the ST is rendered with a general reference in the TT. It is considered to be a domesticating strategy because, through generalization, an unfamiliar, and hence potentially disturbing element is replaced with a generic one that can be easily understood without difficulty. Examples of this strategy can be found in the translation of references to local places (*l'Agip → the service station; Banca dell'Agricoltura → the bank*), brands (*Cucciolone → ice-cream; Jocca → cottage cheese, Biscottini Plasmon → rusks; Zippo → cigarette lighter*), common names of food (*fritto di paranza →fried seafood; coda di rospo → fish*).

Substitution: The strategy of substitution in translation involves replacing a culture-specific item or expression in the ST with a TL item that describes a similar concept in the target culture, and is likely to have a similar impact on the target readers. The ultimate aim of this strategy is once again the minimization of the potential estrangement effect that an unfamiliar reference may arouse in the target reader. It may be used in different cases, for example with proper names of famous people (*Amedeo Minghi → Richard Clayderman; Walter Chiari → Stan Laurel*), fictional characters (*Fantozzi → Mr Bean*), brand names of medicines (*Novalgina → Panadol, En → Anadin, Fave di Fuca → Senokot, Aulin → Nurofen*), names of local places (*Gardaland → EuroDisney*); common names of food (*pandoro → panettone; cotoletta alla milanese → schnitzel*) and units of measurement or local taxes (*pochi centimetri → few inches; Iva → VAT*).

Omission: This strategy implies the deletion of the CSI in translation. This, apparently, is a rather common practice, as translators often omit translating words or expressions if the meaning is not vital for the development of the text "to justify distracting the reader with lengthy explanations" (Baker 1992: 40). Indeed, "omitting words, phrases, sentences or sections of the original text is the most direct way of simplifying a translation" (Kruger 2002: 91).

This may happen with references to geographical areas (*il mobilificio degli artigiani* **brianzoli** → *a store that sells handmade furniture; due zampogne* **lucane** → *a pair of bagpipes*), with brands (*Magnum Algida* → *Magnum*), nicknames of restaurants (*Carillon del Mare, detto anche il Calzino del Mare per via della puzza che produce il cuoco casertano* → *Carillon del Mare*).

Preservation: The strategy of preservation refers to the maintenance of the foreign CSI in the TT as it is, regardless of the reader's potential lack of familiarity with it. It can be observed in the case of brands or household names (*Morellino di Scansano, Seicento, Ciao, Vespa*), names of local places (*Bar Segafredo, Carillon del Mare*), songs (*Volare, Gloria*), names of famous people (*Maurizio Costanzo, Vasco Rossi, Umberto Tozzi, Loredana Berté, Enzo Biagi*), magazines (*Annabella, Novella 2000, Corriere dello Sport*), nicknames (*Roscio*), and with common names of food and dishes (*linguine al pesto, bucatini, pappardelle, cassata, amatriciana*). In some cases it is possible to talk about "partial preservation", specifically in the case of expressions referring to Italian dishes, as part of the expression is translated in English, whereas part of it is preserved in Italian (*parmigiane di melanzana* → *aubergines alla parmigiana; ossobuco con il purè* → *ossobuco with purée; spigola all'acqua pazza* → *sea bass all'acqua pazza; barchette di melanzane al forno* → *baked aubergine barchette*).

NICCOLÒ AMMANITI

Born in 1966, Ammaniti is one of the most popular Italian contemporary novelists. His novels include *Branchie* (1994), *Ti prendo e ti porto via* (1999, translated into English as *Steal You Away*), *Io non ho paura* (2001, translated into English as *I'm Not Scared*, turned into a film in 2003 by Oscar-winning director Gabriele Salvatores), *Come Dio Comanda* (2006, translated into English as *As God Commands*, winner of the Strega Prize and also turned into a film in 2008 by Gabriele Salvatores), *Che la festa cominci* (2009, translated as *Let the Games Begin*), *Io e te* (2010, translated as *Me and You*, adapted into a film in 2012 by Oscar-winning director Bernardo Bertolucci), and *Anna* (2015, same title in English translation). He has also published two collections of short stories, namely *Fango* (1996) and *Il momento è delicato* (2012). Besides, he has written and directed the TV series *Il miracolo* (2018) and is currently working on the adaptation of his novel *Anna* into a namesake TV series.

After he published his first works (specifically *Branchie* and *Fango*), he was credited as a member of the so called "cannibali", a literary phenomenon developed in Italy in the second half of the 1990s. The writers deemed to belong to this group never actually joined into a movement and the name was given to them by the media after a collection of short stories was published in 1996, entitled *Gioventù cannibale – La prima antologia dell'orrore estremo*[2]. The editor of the book, Daniele Brolli, described the eleven authors (among whom Ammaniti) as "undici sfrenati, intemperanti, cavalieri dell'Apocalisse" ("eleven uncontrolled, overindulgent, horsemen of the Apocalypse", 2006, book cover, my translation). Even though the writers indeed showed different styles and ideological peculiarities, their stories all presented some distinguishing features which contrasted with the Italian literary canons of the time, specifically their crude and unrefined language and the grotesque and comic way in which they approached violence. As Epicoco (2014: 22) observes:

> L'identità cannibale si forma innanzitutto su una comune volontà di rinnovamento letterario e di provocazione morale che si realizza tanto nei temi quanto nel linguaggio. Il "cannibale" si distingue per l'insistenza nei contenuti sul sesso e la violenza, non soltanto esibiti ma addirittura comicizzati, e sul gusto per l'orrido e il raccapricciante. (The cannibal identity originates first of all from a common wish of literary renewal and of moral provocation which is actualized in the topics presented as well as in the language used. The "cannibals" stand out for their persistent focus on the representation of sex and violence, which are not simply displayed but even made comic, as well as for their zest for horridness and monstrousness (My translation).

It is above all this combination of funniness and ferocity to characterize the "young cannibals", as stressed by Firley (2010: 92): "Il

---

[2] *Young Cannibals. The First Antology of Extreme Horror* [my translation]

tratto distintivo dei *Giovani cannibali* che li differisce da altri gruppi che appartengono alla corrente *pulp*, è la comicità con la quale descrivono la bestialità" ("The *Young Cannibals'* characteristic feature that distinguishes them from the other groups belonging to the *pulp* genre, is the comicality with which they describe brutality"; my translation).

However, Ammaniti himself refers to that period as a transition phase:

> Quando nacque questa faccenda dei cannibali, eravamo degli esordienti o poco più. I giornali volevano i cannibali, l'editoria pure, e noi ci siamo adeguati. Ma non ho mai temuto di rimanere cannibale a vita. Ho un rapporto coi miei lettori più profondo di queste mode. (When this "cannibals" issue came out, we were beginners or little more than that. The press wanted the cannibals, the publishing industry too, so we conformed. But I never feared being a cannibal forever. My relationship with my readers is deeper than these trends (My translation) ("Niccolò Ammaniti")

After *Branchie*, his writing developed and matured. Besides the crude realism typical of the *pulp* genre, in *Ti prendo e ti porto via* it is possible to identify the two key elements of Ammaniti's style that will characterize many of his later works (including *Come Dio comanda* and *Che la festa cominci*): the grotesque comicality of the characters typical of the *commedia all'italiana* and the focus on the marginal and degraded social realities, which led Filippo La Porta to define Ammaniti as "todays' Dickens" (qtd in Brandini 2013: 11). Differently from the cannibal literature, where the locations of the events are rather similar to those seen in some American films and there are no elements that are connected a the specific Italian context, Ammaniti depicts characters and situations that are typical of contemporary Italian society.

Even if in other works, and specifically *Io non ho paura, Io e te* and also *Anna,* the grotesque elements are not so evident as in the works mentioned above, the stress on the representation of the characters and the events that revolve around them as being specifically Italian is to be found in all his works. Indeed, as Ammaniti himself declared:

> Le storie che racconto sono estremamente italiane [...]. I personaggi sono personaggi tipicamente italiani nei quali i lettori, se pure non si riconoscono, almeno sanno di chi cazzo sto parlando, perché conoscono quel contesto. (The stories I tell are extremely Italian [...]. The characters are characters that are typically Italian, whom the readers - even if they do not identify themselves with them — at least they know who the fuck I'm talking about, because they are familiar with that context (My translation). (Raimo)

The importance of Ammaniti's focus on the stories and characters as typically Italian is the reason why his latest novel, *Anna*, has been chosen as a case study in order to analyse the strategies used in its English translation. The paper will deal specifically with the translation of the CSIs that contribute to conveying the Italianness of the characters and of the setting of the story. A previous study (Parini 2008) revealed that the English translation of *Ti prendo e ti porto via* did not show a definite and clear-cut preference between a domesticating or a foreignizing approach towards the translation of CSIs. Indeed, the translator quite often seemed to have opted for domesticating the references to Italian cultural elements, with a subsequent partial de-Italianization of the reality represented. In fact, in various cases the references had not been maintained, but, on the contrary, they had been domesticated through the strategies of literal translation, free translation/adaptation, explicitation, generalization, substitution and omission. However, the translator's behaviour apparently lacked consistency, as in other cases he had opted for preserving them. In particular, it was not clear why some CSIs had been domesticated, whereas some others - belonging to the same category and equally potentially unfamiliar to the English speaking reader - had been preserved (ibid. 153-155). More specifically, out of 273[3] references to CSIs, 127 were preserved (46.5%), 23

---

[3] The total number refers to references to different CSIs. If the same item was present more than once and it underwent the same treatment in translation, it was not counted. However,

were partially preserved (8.4%), and the remaining 123 underwent some kind of domestication with the various strategies presented in the previous pages (45%).

As *Anna* was translated by the same person (Jonathan Hunt) thirteen years later, this essay will attempt to establish whether the translator has opted for the same strategies or whether the translational behaviour has undergone any changes, and what the effects of his choices are on the representation of such a specific context in another language.

Anna

Anna was first published in 2015. The story is set in Sicily in (presumably) 2020. Four years earlier, a virus called *La Rossa* (literally, *The Red one*, called *The Red Fever* in the TT) spread all over the world killing all adults. Apparently, children are immune to the virus until they reach the age of puberty. The virus, in fact, is latent in them and only at that point it begins to manifest. The main protagonist is Anna Salemi, a young girl who is (presumably, as she does not remember exactly) 14 years old and who has a younger brother, Astor. The two siblings live completely isolated in a house named *La Casa del Gelso* in the countryside near Castellamare del Golfo (Trapani). Before dying, their mother wrote a special book for them, where she gave instructions on how to deal with various issues, from how to take temperature, to how to cure illness, what to do when the electricity stops, etc. There is even a section about what Anna must do when her mother dies, and how she should dispose of her body. When their food supplies begin to dwindle, Anna is forced to hunt for food increasingly far from home. She is confronted by a new world: thousands of *Grown-ups* reduced to heaps of bones, a world of chaos and corpses, cities and villages destroyed by fires, where she has to fight with other kids, as well as with animals, in order to survive. Isolated from the rest of the world, the

---

items that occurred more than once but were translated with different strategies were calculated.

Sicilian kids believe in all sorts of legends, desperately hoping that a cure will be found somehow.

As with Ammaniti's other works, the book presents a remarkably large number of references to Italy and Italian culture (as well as, in this specific case, to Sicily and Sicilian culture). The location of the story is continuously evoked through references to places and to numerous CSIs. In the last part of the book, Anna and Astor walk from an area around Trapani to Messina, as Anna is determined to cross the Strait and reach the mainland, and, during their journey, we can find detailed references to the various towns and villages they pass by or also stop (Mazara del Vallo, Marsala, Buseto Palizzolo, Castellamare del Golfo, Torre Normanna, Riserva dello Zingaro, Alcamo, Terrasini, Cinisi, Capaci, Sferracavallo, Palermo, Cefalù...). Moreover, besides the actual geographical places mentioned, the reader is continuously reminded of being in Sicily by the various references to streets and squares, to bars, restaurants and supermarkets, to typical food and dishes, to brands, and to Italian singers and songs.

Analysis of the translation of CSIs in Anna's English version

The analysis was carried out using the following methodology. Firstly all the CSIs present in the ST were singled out and classified as falling into the two broad categories proposed by Aixela (1997: 59), namely proper names and common expressions. Then the CSIs were sub-classified into the categories proposed by myself. For proper names, the categories identified are: 1) brands; 2) geographical places (names of cities, towns, streets, squares, seas, mountains, beaches, etc.); 3) local places (restaurants, bars, supermarkets, shops, banks, hospitals); 4) music and songs (titles or lyrics); 5) television (broadcasters, channels, programmes); 6) newspapers, magazines, books; 7) famous people (actors, singers, politicians, TV presenters, sportspeople); 8) fictional characters; 9) organizations; 10) religion; 11) nicknames and pets' names; 12) others. For common expressions, I identified the categories of 1) food and dishes; 2) units of measurements and currencies; 3) others. Finally, the translation strategies used in every case were discussed.

PROPER NAMES

1)   Brands

As far as brands are concerned, references to 13 different brands related to food and drink items were singled out, and all of them were preserved in translation, although a few of them underwent some kind of morphological adaptation (e.g. *grappa Nonino → Nonino grappa; Bacio Perugina → Baci Perugina*). Moreover, 13 references to brands of different products were identified, and 12 of them were preserved in translation, whereas one of them (namely the medicine *Mondex*) was omitted. This case of omission is quite surprising, because all the references to other brands of medicines were preserved exactly as they appear in the ST, even in the cases of brands that are not on the Anglo/American market under the same name or with the same spelling (*Augmentin, Aziclav, Cefepim, amoxicillina, cefalozina, Crescina, Dafalgan*).

2)   Geographical places

Out of a total number of 31 references to geographical places (cities, towns, streets and squares, mountains, seas, etc.), 26 of them were preserved, two of them were translated literally with their established official English equivalents (*lo Stretto → the Strait; le Eolie → The Aeloian Islands*; it is interesting to note that the translator has also used a strategy of explicitation by adding the noun "Islands" which was implicit in the ST); two of them were partially preserved, by preserving the proper name but literally translating the other elements of the phrase (*Spiaggia di Papisca → Papisca beach, Riserva dello Zingaro → Zingaro Nature Reserve*), even though for these two CSIs there is no established official English equivalent; moreover, in the case of *Riserva dello Zingaro*, it is worth noting that the translator also used a strategy of explicitation, by adding the noun "Nature" which was implicit in the original; one of them was translated with a strategy of explicitation (*Bassano del Grappa → Bassano del Grappa, in northern Italy*; probably the translator assumed that the English speaking reader would not know where the town is located, and wished to make it clear that it is on the opposite side of

Italy), and one was rendered through a strategy of substitution (*Piazza Castelnuovo → Piazza Ruggero Settimo*). This last case is particularly interesting, as the name of the square mentioned by Ammaniti was replaced with another one, which in reality is adjacent to it, presumably equally unfamiliar to the English speaking reader as the square in the ST.

3)   *Local places*

As far as the category of local places is concerned, the analysis revealed a total number of 24 references. Three of them were preserved in the TT (*Pizzarium, Duomo* and *Rocca*); one was partially preserved as it underwent some kind of morpho-syntactic adaptation (*La granita di Assuntina → Assuntina's Granita);* one was partially preserved by preserving the proper name but literally translating the other elements of the phrase (*Scuola elementare De Roberto → De Roberto Elementary School*); two were explicitated by expansion/explanation of the item (*Autogrill → service area on the autostrada; Despar → Despar supermarket*), whereas the remaining 17 were all translated literally (e.g. *Le Sirene → The Mermaids; I Girasoli → The Sunflowers; La Casa del mobile → The Furniture House...*), one of which underwent some morpho-syntactic adaptation (*Da Nino → Nino's*).

4)   *Music and songs*

References to Italian titles or lyrics of songs were always translated literally. First of all, the title of a CD by Massimo Ranieri (*Napoli e le mie canzoni → Naples and my songs*). Secondly, a reference to the song "Vado al Massimo" by Vasco Rossi printed on one of the character's T-shirt (*"Vado al massimo, vado in Messico" → "On My Way to Mexico"*). Finally, the lyrics of three different songs[4] (*"Se vuoi andare ti capisco... Sì... Ancora..."* [reference to Mina's song *"Ancora ancora ancora"* by Mina] → *"If you want to leave, I understand you... Yes... Again..."*; *"L'ascolteranno gli americani che proprio ieri sono andati via..."* [reference to the song *"1950"* by Amedeo Minghi] →

---

[4] Only few lines from each of them will be reported here, for reasons of space, although the book reports more lines for each one of them.

"The Americans will hear my song, our friends who left just yesterday..."; *"E vieni a casa mia, quando vuoi, nelle notti più che mai, dormi qui, te ne vai, sono sempre fatti tuoi..."* → [reference to the song "Minuetto" by Mia Martini] → *"You come round to my place when you like, usually you sleep here. First you sleep here, then you leave, do what the hell you like..."*).

5)   *Television*

Only one case of CSI falling under the heading of television was singled out in the book, namely a reference to the Italian channel *Rai 1*, which was preserved in translation (although it is interesting to note that the number has been spelled out as *Rai Uno*).[5]

6)   *Famous people*

All the four references to famous Italians present in the ST (all of whom are singers) were preserved in translation (*Massimo Ranieri; Vasco Rossi; Lucio Battisti; Domenico Modugno*), although presumably only Domenico Modugno is well-known to the English speaking lay reader.

7)   *Newspapers, magazines, books*

No references to Italian newspapers, magazines or books were found in the book. The only references found were to books which were not originally written in Italian, and whose titles were translated with their corresponding original titles.

8)   *Fictional characters*

Two references to fictional characters were identified in the book, and both of them were rendered in the TT through a strategy of literal translation. The first one is a reference to the legendary character of Cola Pesce, a boy who, according to the legend, lives at the bottom of the sea and holds Sicily to prevent it from sinking. The character is traditionally known in English with its conven-

---

[5] In the translation of *Ti prendo e ti porto via*, instead, the reference was translated literally as "channel one".

tional official name, that is Fish Nicolau (Cola, indeed, is the abbreviation of the boy's name, Nicola). However, the translator has decided to call him *Cola the Fish*. The second character, instead, was conceived by Ammaniti himself and is called "la Picciridduna" in the original version of the book. She is a legendary woman who is allegedly gigantic and is supposed to be able to cure people from the virus. Her name was translated as *the Little Lady*, which conveys the basic meaning of the original expression, although it inevitably loses its Sicilian "essence" (the expression indeed originates from Sicilian dialect word *picciridda*, meaning *little one*).

9)   Organizations

Three references to Italian organizations were found in the ST, one of which was preserved (a reference to a mini-basketball team called *San Giuseppe Club*), whereas the other two were translated with a strategy of explicitation. In particular, a simple reference to the *Frecce Tricolori* (the name of the aerobic demonstration team of the Italian Air Force) was rendered as *"an air display by the Italian Air Force aerobic team"*, whereas a reference to the *Pro Loco* (the name of Italian volunteer, grass-roots organizations that seek to promote specific local places), was translated as the *"local tourist office"*.

10)   Religion

Out of five references to religion and religious CSIs, two of them were preserved as they were in translation (also because they are known by the very same names in English, namely *Madonna* and *Padre Pio*), one of them was preserved with some morphological adaptation (namely the translation of the Italian preposition: *Madonna di Trapani* → *Madonna of Trapani*), and two of them were adapted (namely, the reference to *Papa Wojtyla* was rendered with his papal name, namely *Pope John Paul II*, and the reference to the holy day *Il giorno dei morti* was translated with its conventional English equivalent expression, *All Souls' Day*).

11)   Nicknames and names of pets

Out of the nine references to nicknames and pets' names in the ST, three of them were translated literally (e.g. *Colonnello* → *Colonel;*

l'Orso → *the Bear*; *Mutandone* → *Big Pants*), one of them was translated with its conventional English equivalent (*Annibale* → *Hannibal*), two of them were adapted (*Salame* → *Dopey*; *Coccolone* → *Fluffy*) and three of them were preserved (*Mandolino*, *Peppe 1* and *Peppe 2*).

12)   *Others*

In this category, which includes items that cannot fall into the previous categories, I included the reference to the name of the virus, namely *la Rossa* (literally, *the Red One*), which was rendered in translation with a strategy of explicitation, as it was translated as *The Red Fever*.

COMMON EXPRESSIONS
1)   FOOD AND DISHES

Besides numerous references to canned and preserved food that the characters depend on for surviving (as fresh food is basically non existing after four years of epidemic), the book is also rather rich in occurrences of CSIs referring to Italian or Sicilian typical food and dishes. The analysis will only focus on the latter, as all the references to the former are generally not typically Italian and they do not provide interesting insight into the translation strategies used (they are usually translated literally with their equivalents in English). Out of a total number of 23 references to different CSIs related to typical Italian or Sicilian food and dishes, 12 of them were preserved as they were. These are all items that are popular and undoubtedly familiar to the English speaking lay reader as they have become integrated in their culinary tradition, namely *mozzarella*, *spaghetti*, *pasta*, *tortellini*, *pesto*, *pancetta*, *cassata*, *Margherita*, *mortadella*, *pizza*, *panettone* and *gelato*. Three of them were partially preserved, as they were maintained in translation, although they were written in italics, presumably because the translator assumed that the English speaking reader would not be familiar with them, and by writing them in italics he signalled the fact that they are items belonging to Italian/Sicilian culture, without feeling the need to further explain what they refer to or to replace them with other elements more easily recognizable. These CSIs are *parmigiana di melanzane, baccalà* and *pupatelli*. One reference was partially preserved, this time because part of the expression was translated in English, whereas part of it was preserved in Italian, namely *trancio di tonno alla messinese* → *tuna steak alla Messinese* (also in this case, the Italian expression *alla Messinese* was written in italics). Two references were preserved but with some sort of spelling adaptation: *ragù* was translated *ragout* (French spelling) and *arancine* (Sicilian spelling) was rendered as *arancini* (Italian spelling). The reference to the Sicilian pastries called *crozzi 'i mottu* (their name is actually in Sicilian dialect) was translated literally as *'Dead Man's Bones'* (in inverted commas, another strategy presumably used to signal their belonging to Italian/Sicilian food culture). The reference to the Sicilian dish *carne al pomodoro* was literally translated as *meat with tomatoes*, although the actual Sicilian recipe refers to meat cooked in tomato sauce. Finally, the reference to *latte di mandorla* was translated literally as *almond milk*, although in English it probably does not correspond to all of the peculiarities of the typical drink consumed in Sicily, which is served very cold and sugared.

2) UNITS OF MEASUREMENTS AND CURRENCIES

Units of measurement and currencies were preserved in translation (*kilometres* and *euros*).

3) OTHERS

In this category, I put four CSIs that did not fit in any of the previous categories. The first one is a reference to a specific Italian speech impediment which is commonly referred to as *r moscia* (although its technical name is *rotacismo*), which consists in the inability to pronounce rhotic *r* sounds. As this defect usually affects people who speak languages that have a trilled *r* (which includes Italian, but not English), the translator opted for a strategy of substitution, replacing the reference to this speech impediment with another one familiar to the English speaking reader, namely the *lisp*, a speech impediment in which a person misarticulates sibilants. The second CSI in this category is a word that occurs several times in the book, namely *autostrada*, which is the Italian equivalent of British English *motorway* and American English *turnpike/freeway*. However, the translator opted for preserving the Italian word, thus achieving a foreignizing effect. The third reference consists in the use of the title *maestra* occurring before the surname of Anna's teacher (Rigoni). The translator opted for rendering the term with another Italian title used with female young or unmarried women, namely *signorina*, whose meaning is probably more immediate to the English speaking reader. The TT, therefore, manages to maintain a foreignizing effect, even though with a strategy of substitution. Finally, a reference to an Italian dictionary is present in the book, which was preserved in the TT, although in this case the strategy does not guarantee avoiding the potential estrangement effect upon the reader. In fact, in the ST Anna looks the word "vanitoso" up (and consequently the ST reports the Italian definition), whereas in the TT she looks up its English equivalent "vain" (and the TT reports the English definition); however, it is not plausible to find an English word with its English definition in an Italian dictionary and the situation does not seem to be thoroughly convincing (*Tra i libri della scrivania c'era un grosso volume verde, il vocabolario della lingua italiana. [...] «Vanitoso. Pieno di vanità, detto soprattutto di persona che, ritenendo di possedere doti fisiche e intellettuali, le ostenta per ricevere dagli altri lodi e ammirazione»* → *Among the books on the desk was a large green volume, an Italian dictionary. [...] 'Vain. Full of vanity, said especially of a person who, believing him- or herself to possess physical and intellectual gifts, shows them off in order to receive praise and admiration from others'.*)

Altogether, a total number of 140 different CSIs were identified in the text[6]. Eighty were translated with a strategy of preservation (therefore, aiming at a foreignizing effect), 10 were partially preserved (with a subsequent foreignizing effect, even if to a lesser extent) and the remaining 50 were translated with one the various strategies aiming at a domesticating effect (literal translation, free translation/adaptation, explicitation, substitution, omission). In sum, foreignizing strategies account for 64% of the cases, whereas

---

[6] As with the analysis of the English translation of *Ti prendo e ti porto via*, the total number refers to references to different CSIs. If the same item was present more than once and it underwent the same treatment in translation, it was not counted. However, items that occurred more than once but were translated with different strategies were calculated.

domesticating strategies account for 36% of the cases. In particular, the strategy of preservation was mostly used in the case of brands, geographical places, singers, and food, whereas the strategy of literal translation was mostly used in the case of local places, songs, fictional characters, nicknames/pets' names, and occasionally with food.

CONCLUSIONS

Starting from the assumption that the translation of a text is an activity that involves the knowledge not only of the source and target languages, but also of the source and target cultures, this paper aimed to analyse the transposition of CSIs in translation, taking as a case study the English translation of Niccolò Ammaniti's post-apocalyptic novel *Anna*. The novel was chosen as a case study for two reasons: firstly, because Ammaniti's works are always particularly embedded in Italian culture, and secondly, because a study conducted in 2008 on the English translation of another novel by Ammaniti (*Ti prendo e ti porto via*) had revealed a lack in consistency in the strategies used by the translator, and the present study aimed to attempt to establish whether the translator had opted for the same strategies or whether the translational behaviour had undergone any changes.

Whereas in the translation of *Ti prendo e ti porto via* the cases in which a domesticating strategy was used to transpose a CSI accounted for 45%, the results of the analysis of *Anna*'s translation showed that domestication only accounts for 36% of the cases, revealing a remarkable decrease. In spite of this, the translator still does not show a definite and clear preference for one or the other approach. In particular, although he preserved references to Italian brands, geographical places, singers and cuisine, he still seems to be prone to literally translating Italian songs (even if no English versions of these songs exist and even if the meaning of the lyrics is not fundamental for the development of the plot and is unrelated to it), as well as the names of local places (as he did thirteen years earlier). Both of these choices contribute somehow to a de-Italianization of the context. Just as it happened with *Ti prendo e ti porto via*, also in the case of *Anna* the settings of the events are located precisely and described in an extremely detailed way; consequently, it seems rather unrealistic that all the bars, restaurants, supermarkets and shopping centres have English names. Therefore, even if the translation does not present any radical substitutions of CSIs such as the ones observed in *Ti prendo e ti porto via* (where, for instance, Italian singer Amedeo Minghi had become French pianist Richard Clayderman and Italian actor Walter Chiari had become English comic actor Stan Laurel), and the TT indeed presents a much higher number of preserved CSIs, all the cases of literal translations observed still have the inevitable effect of losing some characterisation, and the setting turns out to be — even if only partially — depersonalised in its Italianness.

The translator has actually shown a considerable change in attitude, by preserving the majority of references to Italian CSIs, even when they are presumably unfamiliar to most English speaking readers. Ultimately, it would be desirable to reach a point when a story set in Italy maintains its Italian essence in all aspects, especially if the presence of CSIs does not impede the reader's understanding of the events, as in the case of local places and songs.

WORKS CITED

Aixela, Javier Franco. "Culture-Specific Items in Translation". *Translation, Power, Subversion*, Roman Alvarez and M. Carmen-Africa Vidal, eds. Clevedon: Multilingual Matters, 52-78, 1997.

Ammaniti, Niccolò. *Branchie*. Roma: Ediesse, 1994.

Ammaniti, Niccolò. *Fango*. Milano: Mondadori, 1996.

Ammaniti, Niccolò. *Ti Prendo e ti porto Via*. Milano: Mondadori, 1999.

Ammaniti, Niccolò. *Io non ho paura*. Torino: Einaudi, 2001.

Ammaniti, Niccolò. *Come Dio comanda*. Milano: Mondadori, 2006.

Ammaniti, Niccolò. *Che la festa cominci*. Torino: Einaudi, 2009.

Ammaniti, Niccolò. *Io e te*. Torino: Einaudi, 2010.

Ammaniti, Niccolò. *Il momento è delicato*. Torino: Einaudi, 2012.

Ammaniti, Niccolò. *Anna*. Torino: Einaudi, 2015.

Baker, Mona. *In Other Words: A Course Book on Translation*. London: Routledge, 1992.

Bassnett, Susan. *Translation Studies*. London: Routledge, 1991.

Brandini, Nicola. *Evoluzione tematica e stilistica nella narrativa di Niccolò Ammaniti*. Unpublished BA thesis. Siena: University of Siena, 2013.

Brolli, Daniele, ed. *Gioventù cannibal. La prima antologia dell'orrore*. Torino: Einaudi Stile Libero, 1996.

Davies, Eirlies E. "A Goblin or a Dirty Nose? The Treatment of Culture-Specific References in Translations of Harry Potter Book." *The Translator* 6 (2003): 65-100.

Epicoco Alessia. *Analisi linguistica per tratti neostandard e substandard di tre scrittori "cannibali."* Unpublished MA thesis. University of Pisa, 2014.

Espindola, Elaine. *The Use and Abuse of Subtitling as a Practice of Cultural Representation: Cidade de Deus and Boyz 'N the Hood*. Unpublished PhD thesis. Santa Catarina: Universidade Federal de Santa Catarina, 2006.

Firlej, Agnieszka. "La letteratura *pulp* ossia *Giovani Cannibali*, il *Neonoir*, la *Scuola dei duri* o il *Gruppo 13*? Le polemiche sui confini del nuovo genere letterario." *Studia Romanica Posnaniensia*, 37(1) (2010): 85-98.

Gambier, Yves. *Doubts and Directions in Translation Studies*. The Netherlands: John Benjamins, 2007.

House, Juliane. *Translation*. Oxford: Oxford University Press, 2009.

Kruger, Alet. "Corpus-Based Translation Research: its development and implications for general, literary and Bible translation". *Acta Theologica Supplementum 2* (2002): 70-106.

La Porta, Filippo. "Ammaniti colpisce al cuore". *La Repubblica XL*, 2006 https://web.archive.org/web/20090403103213/http://xl.repubblica.it/recensionidettaglio/31923 (accessed January 2020).

Newmark, Peter. *A Textbook of Translation*. New York: Prentice Hall, 1988.

Newmark, Peter. "Translation and Culture". *Meaning in Translation*, Lewandowska-Tomaszczyk, Barbara, ed. Frankfurt: Peter Lang, 2010, pp. 171-182.

"Niccolò Ammaniti" *Yumpu*. https://www.yumpu.com/it/document/read/16203045/niccolo-ammaniti-dante-alighieri-lucerna (accessed January 2020).

Nida, Eugene. *Toward a Science of Translating*. Leiden: E: J. Brill, 1964.

Nord, Christiane. *Translating as a Purposeful Activity: Functionalist Approaches Explained*. Manchester: St. Jerome, 1997.

Parini, Ilaria. "Domesticating or Foreignizing Texts? Case Study: Niccolò Ammaniti's *Ti Prendo e Ti Porto Via* Translated into English". *Thinking Translation. Perspectives from Within and Without*, Hyde Parker Rebecca and Karla Guadarrama, eds. Boca Raton: Brown Walker Press, 2008.135-155.

Raimo, Christian. " 'Quando si diventa adulti non si cambia più, non ci sono più gli spazi per poter cambiare.' Ovvero una veramente lunghissima intervista a Niccolò Ammaniti". 2013. http://www. minimaetmoralia.it/wp/intervista-a-niccolo-ammaniti/ (accessed January 2020).

Ramière, Nathalie. "Reaching a Foreign Audience: Cultural Transfers in Audiovisual Translation", *Jostrans – The Journal of Specialized Translation*, issue 6 (2006): 152-166. https://www.jostrans.org/issue06/art_ramiere.pdf (accessed January 2020)

Ranzato, Irene. *Translating Culture Specific References on Television. The Case of Dubbing*. London: Routledge, 2016.

Robinson, Douglas. *Becoming a Translator: An Accelerated Course*. London: Routledge, 1997.

Toury, Gideon. *Descriptive Translation Studies and Beyond*. Amsterdam / Philadelphia: John Benjamins, 1995.

Venuti, Lawrence. *The Translator's Invisibility: A History of Translation*. London: Routledge, 1995.

WHEN THE *NOW* ENCOUNTERS THE *THEN* IN *IL TEMPO NASCOSTO TRA LE RIGHE* BY GIOSE RIMANELLI

Sheryl Lynn Postman, Ph.D.
UNIVERSITY OF MASSACHUSETTS LOWELL

In 1986, a collection of short stories by Giose Rimanelli came out with the title *Il tempo nascosto tra le righe*.[1] The provocative title comes from a dedication that the author wrote nine years earlier to this unpublished collection.[2] Sebastiano Martelli affirms that the stories are "[...] una sorta di biografia per quadri di Giose Rimanelli."[3] The tales, according to Martelli, define a literary path of the author who commences his artistic odyssey in Italy and continues it after his expatriation to the United States. A quick perusal of the fourteen stories do suggest, at first glance, Martelli's affirmation that the reader is faced with the author's slice of life.[4]

A deeper and more thorough reading of the narratives suggest a literary trajectory that goes far beyond the biographical indications of the author. It is a journey, both physical and metaphysical, that initiates during his childhood in his home region of Molise, passes through the dark days of his personal and professional existence during the postwar years in Rome, and culminate in the United States during a decade of social, political, and racial unrest, a period that Rimanelli describes in his book *Tragica America*, as "il decennio piú tormentato della storia dopo l'Unificazione e il New Deal,"[5] that changes the new nation forever and thrusts it into a civil war like atmosphere, reminiscent of Italy in the 1930s.

Much like the *Picture of Dorian Grey*, America projects an image of social, political, and economic innocence remaining constant

---

[1] Giose Rimanelli, *Il tempo nascosto tra le righe* (Marinelli: Isernia), 1986.
[2] Questi sono racconti/ perduti e ritrovati./ Valgono per il tempo/ nascosto tra le righe. Albany, N.Y., gennaio 1977.
[3] Sebastiano Martelli, "La prefazione" in *Il tempo nascosto tra le righe*, ix.
[4] Un'idea dell'iter artistico dello scrittore e della sua *tranche de vie*: Il Molise, il seminario, i fantasmi della guerra, il periodo romano, l'America, le donne, il fallimento matrimoniale, la fredda solitudine di Albany, la parentesi di Detroit (1967), Martelli, ix.
[5] Giose Rimanelli, *Tragica America* (Genova: Immordino editore, 1968) 7.

within a universe that is decaying and reverting to ancient animos-
ities destroying itself from within. Through the use of carefully
placed brush strokes, Rimanelli paints a bold canvas of two distinct
worlds, the old and the new, showing that although the seasons
and the locations have changed, the harsh realities of the societal
and financial dilemmas that penetrated and nearly destroyed the
old world more than thirty years earlier, are now seeping into the
realm of the new, threatening the very existence of man's humanity
by bringing forth his most base qualities, endangering the country
with civil unrest.

Although the stories have the appearance of being Rimanelli's
autobiography, the author uses those autobiographical elements to
convey a much larger portrait of an ever-changing social landscape,
that although different because of time and place, still harbors the
same old hatreds of earlier eras. *Il tempo nascosto tra le righe*, stylis-
tically, is not an autobiography. It does not meet the mandatory requirements for an autobiography. There is no autobiographical
pact, as endorsed by Philippe Lejeune,[6] nor is the author the chron-
icler of his own life, as stated by George Gusdorf.[7] Moreover,
Lejeune establishes that there must be no differentiation between
the author, narrator and the protagonist and that these components
must be autodiegetic, identical (5). There are no totally congruent
elements in any of the stories with Rimanelli's actual life.

Even though the collection of stories is not a personal history of
the author, there are life experiences within the narrative that vali-
date Gusdorf's theory that all literature is autobiographical.
Rimanelli, himself, has stated that all his literature is autobiographical in nature.[8] The autobiographical components integral within
the tales are, as G.B. Faralli asserts, fodder for the author's narrative
style.[9] Giovanni Cecchetti further affirms that the autobiographic

---

[6] Philippe Lejeune, *On Autobiography*, translated by Katherine Leary (Minneapolis: University of Minnesota Press, 1989) 5-7.
[7] George Gusdorf, *Conditions and Limits of Autobiography*, in *Autobiography*, edited by James
Olney (Princeton University Press: Princeton, 1980) 31.
[8] Giose Rimanelli, "Notes on Fascist/Anti Fascist Politics and Cultures from the Point of
View of a Misfit," *Rivista di Studi Italiani* II (Dec. 1984): 73.
[9] G.B. Faralli, Bookjacket of *Il tempo nascosto tra le righe*.

segments of Rimanelli's work are so acute that many conclude, erroneously, that they are inherent moments of his life. His utilization of autobiographical ingredients is, according to Cecchetti, more a way to "riscoprire, di ridefinire, sé stesso, che è anche la base del suo continuo sperimentalismo [...]."[10]

None of the characters in any of the stories have the same name as the author. In two of the stories, the protagonist, in each, has a twin sister and this does not coincide with the life of the author. Additionally, the names of those two characters are different in each of the two tales and are shown to be over ten years apart in time and neither has the name of the author. Rimanelli's parents, during the 1960s, did reside in Detroit and, like the character within the short stories, the author witnessed the social unrest that controlled the city for several days. But, although Marco Laudato is the alter ego of the writer, the names of the Laudato family do not correspond to those of the Rimanelli family with the notable exception of the youngest brother to both Marco and Rimanelli: Gino.

Many of the episodes within several of the stories mirror experiences and relationships that transpired in Rimanelli's life. The author, like Lorenzo Jacenza in the first tale, abandoned his religious studies and returned to his home in Molise; like Mario in *La bustina*, the author, too, suffered from post-traumatic stress syndrome due to the war. Also, like that protagonist, Rimanelli had two friends by the name of Roberto Ruta and (Giorgio) Bocca.[11] Just as the character in *Una rivoluzione mancata* became a boxer to earn some necessary money, the author, too, took employment as a pugilist with the understanding, like the literary counterpart, that he was to lose in order to get money. There is the notable presence of Marco Laudato and his war time experience which the author has stated mirrors

[10] Giovanni Cecchetti, *Autobiografia mitografica in Giose Rimanelli*, in *Rimanelliana: Studi su Giose Rimanelli*, edited by Sebastiano Martelli (Stony Brook: Forum Italicum, 2000) 121.
[11] Thirty years after the story of *La bustina*, in 1976, Giorgio Bocca, a former member of the Italian partisan movement, contacted Rimanelli and asked him to write a series of articles for the Milan newspaper, *Il giorno* for which Bocca was the editor. All the articles appeared on *la terza pagina* and initiated with the first article, *Occhio che scrive occhio che duole*, that appeared on August 15, 1976 and concluded with *E al venerdì cena con gli schiaffi*, on December 2, 1980.

his own. It is echoed within the story *Fantasmi del passato*; and the failed marriage in *Ci fa freddo in Albania* is parallel to the personal occurrence and marital breakdown of the author and his second wife.

The structure of *Il tempo nascosto tra le righe* is composed of fourteen stories: two written in Casacalenda; four in Rome; and eight in the United States (Yale, Detroit, Albany). More than half of the tales deal with the damaging and agonizing consequences of Italy's Civil War and the post-war years. Other narratives deal with family; marriage; and the American counter-culture of the 1960's.

Due vocazioni is the story of an emotionally and physically abused young boy within the confines of the seminary, who abandoned his religious education at the start of the dark days of the Italian Civil War. He returns to his parental home, with false accusations made against him as to the reasons for abandoning his religious path and remains apathetic to everything while social and political chaos are engulfing the nation. *Contratto di matrimonio* relates a pre-arranged marriage within a small, rural culture and the problems that arise due to the failure to meet the agreed requirements of a marriage contract. At the same time, the story indicates the need of the impoverished southern Italian to go abroad in order to financially support the family. *Gli invasori* is a quixotic tale about an elderly gentleman, educated in the life style of the XIX century, who lives in a rural, southern community, although the family is originally from the Piedmont area, rudely awakened to the horrors of the present era, by the German invaders, and now in the post-war period, finds that the existing invaders are in his own mind. It appears, especially in today's time, that the elderly gentleman is, possibly, suffering from the early stages of Alzheimer's disease, a virtually unknown malady in the mid-20th century. *La bustina* narrates the post-traumatic stress syndrome of the post-war years on a young man, now residing in Rome, who fought on the wrong side of the conflict. Upon seeing a military beret, the young man becomes unnerved and tries to get rid of it. He is unsuccessful in this endeavor as the hat keeps coming back to him. Although the military headgear does not belong to the Fascist forces but the British, his friend, to whom the hat belongs, tells him that all military head-gear is the same: repugnant. There is, according to his friend, no difference between the hat of one side or the other as all military hats, in the long run, remind one of war. *Un fatto di cronaca* tells the story of a young working woman of the servile class who, to be no-ticed by a man who lives with another woman, accidently kills his pet cat and is brought up on charges before a tribunal for the action. *Una rivoluzione mancata* deals with two opposing events that tran-spire on July 15, 1948: the inauguration of a boxing career of a young man in desperate need of finances, and the riots at Piazza Montecitorio due to the assassination attempt on Palmiro Togliatti, a popular Communist leader, by a Fascist, anti-communist univer-sity student, Antonio Pallante. *Le piace questo giardino* revolves around the non-committal, passive position of interpersonal rela-tionships while simultaneously dealing with the aftermath of the war. At the same time, the tale echoes some of the horrific moments that transpired in the saga *Due vocazioni* by reminding the reader of the grim sibling relationship of its protagonist and his sister while, simultaneously, remembering his tormentor from the seminary. *La stanza blu* presents the effects of a possible failed marriage that will, ultimately, develop further and culminate in the last story of this collection, *Ci fa freddo in Albania. Lo faccio a fette con tenerezza* is a sardonic look at an alternative to senior citizen homes and, at the same time, the hint of the arrival of Marco Laudato. *Fantasmi del passato* reintroduces the character of Marco Laudato, twenty years after his first appearance in *Tiro al piccione*, in a new country, deal-ing with new Dantean realities in his personal life and the social and political unrest that inundates the country. *Dimostranti*, again has the reader associating with a mature Marco and the political and social revolutions of the 1960's in the United States with all its unexplained violence while visiting his family in Detroit during the summer of 1967. He is a witness to the blinding racial hatred occur-ring in the city just prior to the riots that took place between July 23-27. The episode parallels the atrocious events that Marco, twenty-four years earlier in Italy, witnessed during the country's Civil War. *Semen* is the story of sexual obsession in two young university graduate students who see the role of women as diametrically opposed: one believes that women should be subservient and servile to men, and the other, maintains that they should be independent and self-sufficient. The saga attempts to manifest the changing view of women in the contemporary world. *Kakky* considers the drug culture of the 60's in Los Angeles, California. The last story, *Ci fa freddo in Albania,* relates the tale of a failed marriage in the American academic world, a story that reaches its conclusion having begun in the earlier story within the collection, *La stanza blu.*

Although Martelli notes that these narratives are unpublished chapters from various of the author's unpublished novels, a careful study reveals that several stories, specifically those the author wrote in Italy prior to his self-exile in the United States, were actually published in various journals within the peninsula.[12] The American short stories, although written in Italian, were never published and have elements within them that are possible indications to some of the author's future works.

There are similarities of many of the literary components of these short stories with some of the published narratives of the author. The first short story, *Due vocazioni,* suggests the time period just before Italy's Civil War and the young protagonist of the story, much like Marco Laudato of *Tiro al piccione,*[13] left the seminary and returned to his native Casacalenda with psychological and emotional voids in his soul. More importantly, it gives a possible hint as to the reason for which Marco Laudato left the seminary: emotional and physical abuse by the clergy and the student body, and the nonreligious way these people lived. But, in *Due vocazioni,* the protagonist, Lorenzo, has a sister whereas Marco has two brothers. Additionally, a character within this saga, Fabio Minervini, will reappear, figuratively, as a reminder of all the personal devastation he caused in his life, in several of the remaining stories as well as the author's last narrative, *Il viaggio,* written forty-five years later.

---

[12] *Rimanelliana: Studi su Giose Rimanelli/ Studies on Giose Rimanelli,* edited by Sebastiano Martelli (Forum Italicum: Stony Brook, 2000) 322.

[13] Giose Rimanelli, *Tiro al piccione* (Milano: Mondadori, 1953; now, Torino: Einaudi, 1991).

Minervini, who appears for the first time in this narrative, does not have any presence in *Tiro al piccione.*

The short story, "Un contratto di matrimonio," will remind the reader of Rimanelli's second narrative, *Peccato originale.*[14] In both, there is the presence of Seppe Melfi, a father who spent many seasons as a *bird of passage,* a seasonal worker, between Italy and the United States so as to earn money to help his family progress economically and socially. Seppe's story, also, shines a light on the existing poverty in southern Italy and the need to go abroad to earn a enough money to support the family. His appearance in this story reminds the reader of the extremely harsh working and living experience, both in Italy and the United States, that the immigrant endured. The negativity of the migrant experience, moreover, will be brought to light in Rimanelli's third novel, *Una posizione sociale.*[15] In that novel, the author will draw discernable comparisons between the 1891 lynching of eleven Italians in New Orleans[16] with the Fascist movement in Italy that culminated in the country's Civil War.

Seppe's presence, furthermore, assists the reader in the transcendental journey of the author on his trek between the two worlds, Italy and America. The old man is the connecting fiber between the two continents for the Italian immigrant who travels abroad in search of financial betterment and his personal history testifies to the inaccessibility of work in southern Italy during the first half of the 20th century. The American odyssey of his female characters, the Vietri family in *Peccato originale,* a book in which Seppe appears, is a stimulus for the author's voyage to Canada in the 1950s and the basis, as Rimanelli has often stated, for his fourth book, *Biglietto di terza,*[17] It is a physical journey that Rimanelli

---

[14] Giose Rimanelli, *Peccato originale* (Mondadori Editore: Milano, 1954).

[15] Giose Rimanelli, *Una posizione sociale* (Firenze: Vallechi Editore, 1959); the novel came out again, in 1996 with the new title *La stanza grande* (Cava dei Tirreni: Avagliano Editore, 1996).

[16] On April 12, 2019, the Mayor of New Orleans, LaToya Cantrell, apologized to the families of the eleven Italians lynched in New Orleans on March 14, 1891. This was the first time that any government official acknowledged the heinous anti-immigrant behavior of its citizens.

[17] Giose Rimanelli, *Biglietto di terza* (Milano: Arnoldo Mondadori Editore, 1958; now Welland, Ontario: Soleil, 1998).

undertakes in order to understand the immigrant reality and the new life they now have in a new world.

Although the stories *Lo faccio a fette con tenerezza, Fantasmi del passato,* and *Dimostranti* re-introduce the reader to a more mature, and transplanted to America, Marco Laudato, elements and characters within the story, specifically the female character of Ruby Davis, will develop in the author's future novel *Detroit Blues,*[18] a novel that has all the characteristics of *un romanzo giallo* but serves as a reminder of the social and political chaos that enveloped the city. Yet in that narrative her role will be considerably more important as she serves as the guide to the protagonist, Simone Donato on his journey through the hellish nightmare of the Detroit riots of the 1960s. Furthermore, the racial riots that take place in Detroit in the mid-20th century are reminiscent of the anti-immigration riots that occurred in New Orleans in the late 19th century, thereby correlating that manifestation of the lynching to the story *Dimostranti.*

A link, moreover, exists between Simone Donato of *Detroit Blues* and Simon Dona in the last story within the collection, *Ci fa freddo in Albania.* Primavera (Vera) Jones, the wife of the unnamed protagonist, has the same appellation as the spouse of Simon Dona, the protagonist in *The Three Legged One,*[19] a narrative which looks at the sexual politics of the 1970s. That novel will testify to a defining moment in American domestic governmental politics that still echoes today in the 21st century: Watergate, and the caution of the masses toward the government and its elected officials for having lied and covered up their deceit to the American people.

Rimanelli wrote the stories between 1947 and 1974, a period of nearly thirty years, that geographically spans two continents. Time is, for the most part, chronological initiating in 1943, just before the start of Italy's Civil War, and ending in 1974, at the height of the political, social, and cultural revolutions in the United States. Characters who appear for the first time in these short stories, ultimately,

---

[18] Giose Rimanelli, *Detroit Blues* (Welland, Ontario: Editions Soleil, 1997).

[19] Giose Rimanelli, *The Three Legged-One* (New York: Bordighera Press, 2008).

resurface in other tales within the same text and interact with earlier personalities from previous Rimanelli works. This familiarity sanctions the reader to explore along with the author as he enters a universe that is not confined by circumstances and scope. Time is no longer lineal but fabulistic in nature. Changing rhythms, moreover, permit the reader to discern the conscious realities of the written word, and simultaneously produces a binary literary figure which underlines the entire Rimanelli corpus. The author's adventure takes nearly thirty years of exploration, and physically occurs in his home region of Molise, his artistic enclave in Rome, and ultimately in his academic sphere of the United States.

The cosmos Rimanelli chooses to portray is no longer limited to his native Molise, his sacred world, as he describes in *Tiro al piccione* or *Peccato originale*. He extends the borders of this microcosmic world and enters the macrocosmic of the artistic urban setting in Rome. Moreover, Molise is not referenced in any of the short stories that the author wrote in Rome. To further differentiate himself from the restraints of the Italian literary world, he, then, ventures out into an even larger atmosphere and journeys to America to encounter a new life by modeling his pilgrimage, following the route of the roaming immigrant, as in his narratives *Biglietto di terza* and *Tragica America*. Again, the author does not refer to Molise. Molise becomes an amorphous cosmos within the works of the author once he and his family no longer reside there.

The author presents a complex roadmap in which the reader accompanies him on his physical and metaphysical journey through the unknown. It is an Orphic journey along a labyrinthine pathway that leads to personal awareness and growth for the writer. Rimanelli will, therefore, function as a type of cicerone, delicately leading us along a maze-like path, with multiple deviations, hoping that the reader chooses wisely, thereby achieving a greater capacity for understanding of the human experience. He will, like Virgilio for Dante, guide the reader through the contemporary inferno brewing in the United States with all its animosity and vehemence about to come to a boil and explode all over the nation.

The binary pathway needed for this journey, a voyage between the two worlds, old and new, is established in the first short story *Due vocazioni*. This saga creates the necessary pattern for the narrative dichotomy that exists within the entire work using interior dialogs and flashbacks. Moreover, the items within *Due vocazioni* will then be counteracted by consecutive descriptions of events creating *la natura duale del racconto*.[20] The social and political dichotomy, which equalize each other, initiates from the title of this short story and continues throughout the narrative: the mother's insistence on a religious education for her oldest child, whereas the father prefers him not to enter the Church; the father's employment during the Fascist era and his lack of it after July 25 (1943); the idyllic and pure world imagined by Lorenzo within the seminary and the imperfect and impure one he encountered; Lorenzo's life within the seminary walls and the one he has after his departure from it; Lorenzo's belief that the war was over and Minervini who explains that it is just beginning because of the Germans; and the purity and impurity of females, as Lorenzo describes his sister, Elisa, as not being totally pure and, her friend, Rosanna, Lorenzo's love interest as being chaste.

At the same time, the author composed this specific tale in two very disparate locations: Rome and New York. It is the year 1960, the time period in which Rimanelli abandons Italy and moves to the United States. In placing a date at the end of the saga with the dual geographic locations of its composition, Rimanelli establishes, structurally, the essential binary pathway of his artistic journey: Italy and America. This story, although chronologically out of place within the physical boundaries of the text, creates the necessary literary bridge between his two worlds: the old, the 1950s in Italy, and the new, the 1960s and beyond, in the United States.

As in *Tiro al piccione, Peccato originale*, and *Una posizione sociale*, the writer's Italian novels of the 1950's, Molise functions as his sacred cosmos. It is, as the author has stated, his religion.[21] It

---

[20] Luigi Reina, "Come ti conto un fatto: Due vocazioni di Rimanelli," *Misure Critiche* XVII-XVIII (1989): 149.

[21] "La mia religione sono queste radici. E per questa religione ho potuto viaggiare e anche morire. Ma non sono mai morto per me stesso, non sono mai morto per queste contrade Il

persists, and it is always invariable. It is a primitive community that relies on rituals, rites of passage, and archaic mannerisms of *omaggio*.[22] It is a world in which the residents must still rely on the medieval assistance of the *podestà* in order to achieve any advancement, financial and social, within the community. It is into this world, *in illo tempore*, that Lorenzo is thrust. Mircea Eliade explains that sacred space is same as a divine reality. It is the total opposite of profane space.[23]

Ironically, in *Due vocazioni*, the universe that Lorenzo encounters in the seminary is not sacred. He enters it with the desire, albeit provoked and prodded by the mother, of a religious, holy life. Instead of finding the sanctity of the enclave, a devotional and philosophic locus, he finds a community in which physical, emotional and sexual abuse are rampant among the neophytes as well as the clergy. Although hidden to the outside world, the Church controls all aspects of the life of those living within its walls. Now home, Lorenzo believes that his journey, his rite of passage into some type of awareness and entry into the supposed sacred world, was not ordained as it was chosen by his mother and not by him. She decided on his path as it would be one less worry for her and, simultaneously, "... presitigio, ma più di prestigio." (P.4) The mother did not consult with the father. She made the decision alone with the help of another woman, la signorina Clemente. As this character's name suggests, she is a benevolent benefactor in Lorenzo's path to a religious education and it is she who takes him, personally, to the seminary. In primitive societies, the mother assists the daughter on her path to adulthood, whereas it is the responsibility of the father to help the son on his new journey, starting with the separation of the child from the mother. The father was unable to isolate the son

---

sacro che mi circonda è azzurrassimo anche dentro di me, perché non l'ho mai perduto" (Giose Rimanelli. *Molise Molise* [Isernia: Marinelli, 1979] 13).

[22] "La moglie del podestà diede centocinquanta lire, ma lei non accettò-omaggio-disse, e la moglie del podestà fu contenta." Giose Rimanelli, *Il tempo nascosto tra le righe* (Marinelli: Isernia, 1986) 5. All future references that come directly from this text will be placed by page number, in parentheses, within the corpus of this essay.

[23] Mircea Eliade, *The Sacred and The Profane*, translated by Willard R. Trask (New York: HBJ Book, 1959) 11-23.

from the mother and, therefore, guide him on his route to maturity. Michele Jascenza was out of the country fighting in the war of Abyssinia precisely in order to earn financial compensation for the family as work in his home region was scarce. He only became aware of his wife's choice upon his return and was not content with it as he was never consulted. It is, according to Lorenzo, that erroneous path that his mother selected that has left him weak-willed and passive. Lorenzo's passage, being incorrect, did not allow him to grow or to mature within his sacred world. It is a passage not yet in motion but one that requires that the protagonist take another road. He did not complete his initial transition, a ritual that allows him to mature and become a cognizant member within the community; he abandoned his studies and returned home. Lorenzo was not yet ready for his journey and therefore, not aware of the world around him, and the horrors occurring outside of his dedicated environment.

Lorenzo's ultimate desire, within the walls of the seminary, is to return home to his mystical village, and within the boundaries of that sacred environment exists, as Eliade establishes, the *axis mundi*, the most sacred of places for the young want to be traveler (36). It is in this center that all universes converge. For Lorenzo, the *axis mundi* of his world is his family's home. Here he has experienced the safety of his young existence and, simultaneously, learns about the profane world that prevails outside his small universe. It is in this abode that others enter and discuss the past (Lorenzo's education), the present (the war) and the future (employment for the father). Having abandoned his religious training, Lorenzo is aware that he no longer pertains to this sacred universe; he is an outsider. Believing that he was expelled from the seminary, all the townspeople, initiating with the local priest and passing down through the entire community, reject him.

The *axis mundi* in Rimanelli's opus is constant: his parents' home. In *Tiro al piccione*, Marco once trapped within the political maelstrom of Italy's Civil War, wants nothing more than to return to his home. It is in his parents' house that he is welcomed when he returns and it is, simultaneously, the locus in which he must begin to confront the demons that possessed his country during that hor-rific time and confront his role within it.

In the 1950s when his parents immigrated to Canada, the house they have in Montreal, as depicted in *Biglietto di terza*, functions as his *axis mundi* in the new world. Here he learns about his maternal family (all Americans) and must adjust to the changing realities in this new universe. In his parents' home, he, personally, observes the social, political and economic transformation of the immigrant which he witnesses in the metamorphosis of his own family. With the further immigration of his parents in the late 1950s to Detroit, Michigan, the home in that cosmopolitan area becomes his new *axis mundi* as shown in his book *Tragica America* and the subsequent nar-ratives that came out until the end of the 20th century. In this new abode Rimanelli learns of the new social and economic realities of the inner city, and consequently the nation. Detroit, like many other cities at the time, was suffering through a severe economic crisis. Racial profiling and police brutality were rampant. Rimanelli per-ceives the outset of the internal national struggle for racial equality that will explode within the city limits the fourth week of July 1967. This battle will ultimately spread throughout the country and be part of "the long hot summer of 1967."

II

Within the physical structure of this collection of tales, there are three short stories in which Marco Laudato re-surfaces at the house of his parents, his new *axis mundi*, in Detroit, Michigan. The three tales, *Lo faccio a fette con tenerezza*, *Fantasmi del passato* and *Dimostranti* form a type of novella, a literary genre evocative of the tales by Boccaccio. Although Rimanelli's novella consists of three separate short stories for a total of forty-five pages, they could be put into a narrative form that consists of one long tale, thereby cre-ating a contemporary, 20th century variation on the Renaissance model. At the same time, the first story, *Lo faccio a fette con tenerezza* will function as the frame to the novella. It will lay out the collective parameters of the societal unrest that Marco Laudato will observe in the succeeding tales. The narrative takes place within one geographic area, urban Detroit, and all three revolve around one specific moment in time: the racial uprisings occurring during the summer of 1967. Rimanelli's classical literary education and the medieval Italian literary tradition in which he immersed his intellect begin to infiltrate this text and the influence of Boccaccio and Dante come to light within these three stories. The impact that these writers have on Rimanelli is seen in many of his narratives, both in his Italian works as well as those in English, starting with his first novel, *Tiro al piccione* and closing with his last, *Il viaggio*.

Boccaccio used, in his *Decameron*, light to accentuate the dark days of the plague. In a similar manner Rimanelli shines a light on a dark period in American history: the 1960s and the racial strife that existed in the United States that nearly thrust the country into a period of civil war. In so doing, he creates a type of chiasmus effect. At the same time, the tale sets off, more clearly, the somber marital relationship between the more mature Marco Laudato and his wife. The gloomy connubial connection brought out in this tale, is evocative of the earlier story in the collection, *La stanza blu* and will ultimately bring to light the totally failed marriage of an academic couple in *Ci fa freddo in Albania*.

The short story *Lo faccio a fette con tenerezza* is a caricature-like episode dealing with a new type of anti-immigration: the influx of the African American in this one-time immigrant enclave of second-generation Americans. These second-generation Americans fail to remember their historical past and react in a similar manner to these "new" immigrants as was done to their predecessors' years earlier. The uncaring and brutal way the people in the neighborhood react to the growing discontentment of the "supposed" infringement by the African American community will serve as the frame to this contemporary novella. Simultaneously, the second-generation of immigrants, those born within the United States who are trying to prevent the incursion of the "new" immigrant, tries to, also, get rid of the first generation, their familiar migrant, thereby denying their own immigrant past and becoming, as they see it, part of the pure American society. The way these new Americans deal with this "so called" invasion is the same that they chose for handling the senior citizen and nursing home dilemma: cannibalism.

The tale of cannibalism within this story is reminiscent of the bawdy humor and literary style of Boccaccio. A former police officer, Mr. Swift, thrown off the force for having killed, unprovoked, a young black teenager, is now collecting the dead bodies of African Americans and processing them into a meat product that he sells within the neighborhood. Swift is not afraid of a shortage if the African American community no longer exists in Detroit as there are enough African Americans in many places near the city. At the same time, a new law has just been passed in the city. If a person is at least seventy-seven years old and does not want to move into a nursing home, that individual, with the assistance and agreement of the family, has the right to take their own life. Salvatore Cugini is an elderly Italian immigrant of seventy. Every morning he goes out into the backyard of his house and spends the entire day there, sitting and observing the neighborhood. He watches and sees everything. He does not speak with anyone as he does not like any of his neighbors. The residents on the street do not appreciate that the old man just sits there all day as they believe his behavior and his age bring down the value of their property, as does the influx of the African American. They complain to the man's son and daughter-in-law with whom he lives. After some substantial prodding from his wife, he addresses his father about his age and situation. The son, John, explains to the father that it is better to die with dignity than to enter a nursing home. Plans are made with the former police officer, now butcher, to process the father and, with the meat produced, have a party with all the neighbors celebrating the old man's life. Everyone agrees to come for the festivities except Pietro Laudato who states he is awaiting the arrival of his son, Marco.

Marco Laudato does not actually appear in this first tale. His imminent physical emergence is sensed within the story as his father, Pietro, mentions his anticipated arrival from California. The resurgence of Marco is not without a purpose. In *Tiro al piccione*, the young Marco is a witness to the horrors of the country's Civil War. He attested to the internal conflict, the infernal years of the country's brutal hostilities. Upon returning to his home after the war, Marco must confront his role and tell his story. His history is one of growth and maturity; he has endured a horrific initiation rite that thrust him, even though naively, into the bloody struggle that lasted eighteen months. The initiation process, according to Mircea Eliade, is ritual in which there is a basic change in the existential condition of the person: the novice comes out from his ordeal totally different from the one that began it; he, in effect, becomes another within himself.[24] Marco, who at the start of the war was a boy, now, at its finish, is a man. At the end of that narrative, he is aware that his journey to adulthood is, as Eliade points out, one that transported him *in illo tempore* and that the world to which he testified was one that was evocative of the story of Cain and Abel.[25]

Marco's Orphic journey in *Tiro al piccione*, begins the evening in which the young boy, unwittingly, enters a German retreating troop truck with the hopes of only going to the coast to view the sea and ends up spending the next eighteen months in the inferno of Italy's Civil War forced to fight for the wrong side. His odyssey is one that drags him through all the circles of hell until his return home to his sacred place, Casacalenda. Not even within the sanctity of his hometown does he feel released from his horrific journey as some people condemn him and others still glorify Mussolini as their leader. Many of his friends did not survive the bloodshed. A few days after his return he has a conversation with his mother who explains the human element of war: no one is exempt from sorrow. The grief of the mother has nothing to do with politics, it is a melancholy that never mends for those who did not survive; political justifications do not explain anything. It is at this moment that Marco knows what he must do: he must write about his experience; explain the realities of a universe of inexplicable and incomprehensible hatred that must be left behind so as to be able to go forward into a new, brighter, day.

---

[24] Mircea Eliade, *Rites and Symbols of Initiation*, translated by Willard R. Trask (New York, Hagerstown, San Francisco, London: Harper Torchbooks, 1958) x.
[25] Sheryl Lynn Postman, "A Long Night's Journey into Day: Giose Rimanelli's *Tiro al piccione*," *Rivista di studi italiani* 32.1 (June 2014).

Nearly a quarter of a century has passed since Marco Laudato's journey through inferno and now in the contemporary era, in another country, he finds that he is about to embark, yet again, on another. He is not an innocent any longer; he understands and will take a political position in this contemporary period. His actual physical appearance begins in the story *Fantasmi del passato* and continues into *Dimostranti*. In *Fantasmi del passato*, the reader is reintroduced to the Laudato family now living in Detroit, Michigan. All members, except the mother, are present. Both of Marco's brothers, Michele and Gino, are now married with their own families. Marco has arrived at his parents' home without his wife as she has, apparently, deserted him to go on vacation with her parents who dislike him. Her location is unknown, and he has no way to contact her. The Laudato family home is still a place in which all gather to discuss the current happenings. They live in a working-class neighborhood with people from several different ethnicities with the notable exception of African Americans. On this evening, July 8, 1967, Marco learns that some of the people in the area are signing petitions to prevent an African American attorney to move in. Marco denounces the action. He visits with a neighbor, a gay woman, Lenore, who is a dancer in a night club in the city. Marco accompanies her to the boîte where, unfortunately, he encounters two former *repubblichini* from his battalion from over twenty years earlier. He has a physical altercation with them as they still believe in the Fascist ideals. Marco returns to his parents' home, bruised and sore. The next morning, he awakens remembering the night and remembering that as a youth he was never a Fascist or, for that matter, anything. He always hated them for their cowardly behavior. A few days later, July 13, Marco visits with a neighbor, Joe il Siciliano. Joe tells him about his first visit in sixty years to his home and talks about his brothers, the avarice wealthy one and the generous poor one. After describing his visit, he speaks violently against all African Americans and calls them bums. He says he will move out of the area if an African American move into it. When Marco returns to the house, he finds that his father, who did not sign the petition, has a carbine. The father explains that a year earlier, he was attacked in his home by two African Americans and that everyone in the neighborhood has a rifle, adding that if anyone were to assail him again, there would be a bloodbath.

The journey as metaphor for acquiring self-knowledge is not new to Italian literature or to Rimanelli's narrative style. It is a motif that repeats itself in the author's past work, such as *Tiro al piccione, Una posizione sociale, Biglietto di terza,* as well as his future Italian and English works, such as *Graffiti, Familia, Il viaggio, Benedetta in Guysterland,* and *Accademia.* The allusion to Dante is not casual or unplanned. The presence of the poet, although understated and seen within the sub text of Rimanelli's writing, becomes clear within the specificity of all his narratives.

The Florentine commenced his pilgrimage when he was "nel mezzo del cammin di nostra vita," which would, according to Dante's *Convivio,* have made him 35 years old. He predicates this number, moreover, based on *Psalm 90:10,* which establishes 70 as the life span of man. Although the time frame for the collection of short stories appears to originate in 1947 and conclude in 1974, a period of twenty-seven years, historically the tales cover a longer timespan that would correspond to Dante's half of a person's longevity. The first story within this collection, *Due vocazioni,* corresponds to the early days of 1943, just before the start of Italy's Civil War and all culminate in the Fall of 1974. Accordingly, this would be a period of over thirty years which parallels Dante's work regarding time. Although Rimanelli is no longer a juvenile nor is he in the middle of his life, chronologically, he is midway through his artistic career, a vocation that encompasses over sixty years and would place him, artistically, "nel mezzo del cammin di nostra vita."

In this tale, *Fantasmi del passato,* his gay female friend shows him the wedding band that her partner gave with the inscription from Dante's *Vita nuova,* "Amore e 'l cor gentil sono una cosa."[26] Fredi Chiappelli explains that although this verse is a fundamental

---

[26] Dante Alighieri, *Vita nuova,* XX: 3, a cura di Fredi Chiappelli (Milano: Mursia editore, 1965), 45.

concept of love in the theories of the *stilnovisti*, it is repeated, in a varying, and even ironic manner in Dante's *Divina commedia*, as a love that finishes badly: *Amor, ch'al cor gentil ratto s'apprende.* Allen Mandelbaum formulates that this verse evokes the XIII century celebrations of love. The verses, according to Mandelbaum, set against such festivities become tragically ironic.[27] Additionally, Charles S. Singleton suggests that the verses set off two fateful laws of love and their tragic consequences.[28] As the verse inscribed on the wedding band originates from Dante's *Vita nuova*, the title suggests a new life for Marco Laudato now living in the United States. At the same time, as Dante explains, "In quella parte del libro de la mia memoria" (*Vita nuova*, I), memory and the historic past of Marco's life in Italy will play a large role in his new life in the United States; past and present will intertwine and an historic parallel will evolve within the text, showing clearly that the past horrors are being repeated in the present reality. Although Marco may believe he is living a different and unique existence in the United States, the blind hatred he encounters in his new life is the same as the one he witnessed twenty-four years earlier.

Both Marco and Lenore are involved in relationships that are precarious. Lenore's partner is unable to fully accept her own homosexuality and floats between the hetero/homosexual world. Marco and his wife are, likewise, in a very frail partnership: her parents never accepted him, and she disappears, on a whim, with her family without ever notifying him of her destination. Marco's wife gravitates between two worlds: her spousal and parental home, unable to choose between the adult or juvenile existence. If, as Chiapelli, Mandlebaum and Singleton all suggest, the verse from Dante's *La vita nova* could indicate a love that ends badly, then the reader may, also, perceive the disastrous ending to Marco's unsteady and wobbly marriage.

The relationship between Marco and his wife, Amarill, is

---

[27] *The Divine Comedy of Dante Alighieri, Inferno,* A verse translation by Allen Mandelbaum (Toronto, New York, London, Sydney, Auckland: Bantam Books, 1980) 354.
[28] Dante Alighieri, *Inferno*: Commentary. *The Divine Comedy,* translated, with a commentary, by Charles S. Singleton (Princeton: Princeton University Press, 1977) 89.

reminiscent, in an inverted manner, of the episode in *Inferno* between Francesca and Paolo, the two lovers condemned to hell for their illicit affair.[29] Their punishment is to remain speechless and never apart. The variation in Rimanelli's story is that Marco is constantly separated from his wife and continually strives to telephone and speak with her, but he never succeeds. Her silence manifests itself in an almost hell-like atmosphere for the protagonist.[30] At the same time, this frail relationship, which reverberates in other stories within this collection and in two of the author's English novels (*Accademia* and *The Three-legged One*), suggest the future failed marriage between Marco and his wife.

It is the Lenore's inscribed ring that starts Marco back on his journey through hell and returns him to the period of Italy's Civil War. The evening that he and Lenore spend in the nightclub, finds him, mysteriously, having to deal with his former military experience. In the past, Marco never espoused any political inclination. He was a young boy, straight out of the seminary, who, naively, became involved in the hostilities without any knowledge of social or political life beyond the religious community. Now, in the present, he must physically confront the past.

Marco's voyage through hell does not end with the extreme verbal animosity expressed on State Mare, it is just the beginning of it. Rimanelli plays a linguistic word game, by identifying the street on which the Laudato family resides as State Mare. The reader recognizes the play on the words that the author intended: State Mare/Nightmare. The journal entry of this episode is at sunset, suggesting the approach of night and the moment in which the all the elements of the arcane occur. The nightmare is about to begin, once again, for Marco Laudato.

Marco and Lenore descend a stairway to enter a dark, obscure, smoke-filled bar with a barman dressed as the devil. This descent is parallel to Dante's in his voyage through *Inferno*. He poet describes the last stage of his infernal trek as passing through a

---

[29] *Inferno* V, 133-138.
[30] Dante Alighieri, *The Divine Comedy*, translated, with a commentary, by Charles S. Single-ton (Princeton: Princeton University Press, 1977); *Inferno* II: Commentary, 89.

"natural budella,"[31] a dark, subterranean cave where Lucifer resides. The angle of entry in Rimanelli's tale is into a subterranean, dark night spot and creates a parallel tangible with Dante's opus. Marco has, once again, entered the *aveno* of the underworld when he comes face to face with two former *republicchini* from his battalion twenty-four years earlier. These two members of *la Repubblica di Salò* still hold tight to their rightist political beliefs under Mussolini and insist that Marco must remember and agree with them.[32] As Marco attempts to disassociate himself from "questi due signori qui, con la svastica" (147) a physical melee takes over the nightclub. Marco, who twenty-four years earlier did not understand anything about the political reality of the period nor how to deal with it, now in the present, has a total understanding of the hatred these people bare towards others for no other reason than that they are different. Instead of remaining silent and blindly accepting the animus of these former *repubblichini*, Marco takes a stand and strikes them.

Years earlier in his novel *Una posizione sociale*, Rimanelli established that it was the silence of the people that allowed the Fascists to take control of the country. Their refusal to actively denounce a corrupt political system is the factor that allowed the Fascists to usurp control of the nation. Here in this tale, a quarter of a century later and in another country, Marco refuses to be quiet and to acquiesce; he takes a position against irrational malevolence towards anyone. A neighbor of his father is going around the street asking people to sign a petition against the African American who bought a house in the zone. She justifies herself stating that she is operating for the good of the community. Marco refuses her rationalizations stating she is only working out of antipathy. As Lenore declines to open the door to the petitioner so as not to have to deal with her, Marco explains that avoidance and silence are not enough to stop her; a vocal response is necessary:

---

[31] *Inferno* XXXIV, 97-99.
[32] Chi ha mai dimenticato il Mortirolo e il resto? Sono trascorsi esattamente 22 anni da quel giorno sul Mortirolo: e ricordo benissimo, come se fosse accaduto ieri, su State Mare, Detroit, Stati Uniti d'America (147).

[...] "Dovevi aprire e dire chiaro come la pensi. Tanto fare i carini, o nascondersi, non serve a niente. Sono arrabbiati con tutti." (137)

Marco's statement echoes the verses of Dante as he and Virgilio are crossing the Acheronte. Dante hears the unending cries and moans from people within the river. Virgil explains to him that those people were the cowards, those who lived without praise and without disgrace, forever destined to live in torment.[33] They are the sounds of those who neglected to speak out against the depravity of the era and insisted on remaining uninvolved, to preclude any approaching savagery from occurring. They are the people who neither please G-d nor Satan. A subtle irony, furthermore, prevails in the encounter between Marco and the two Italian Fascist soldiers wearing the swastika of Nazi Germany, now residing in the United States. Decades after the fall of those authoritarian regimes, the people of Marco's parents' neighborhood are willing to take up arms to prevent "undesirables" from entering the community, but not to protect them. These "undesirables" would be anyone who is different from what these residents consider to be the norm: American born, white, and Christian; white supremacists. They have attained the same narrow-minded societal, caste-like viewpoint of life that empowered the tyrannical governments of Italy and Germany in the 1930's to terrorize the world as the populace of each of these nations stood by and said nothing to contradict them.

Fantasmi del passato takes the reader along on a subtle and yet specific journey through intolerance and hatred. At the start of the story, the neighborhood is vehemently against the influx of African Americans. At the same time, Marco's gay friend is the subject of ridicule. A young African American who works for his brother, Michele, accuses the brother of avarice by using anti-Semitic accusations against him. Prejudice abounds not only in White America but between religious and racial groups that have each been victimized for centuries. By the conclusion of this tale, the whole

---

[33] *Inferno* III, 34-3.

community is in possession of firearms to physically preclude the entry of any African American into their area. Race, ethnicity and religion have, apparently, transformed this neighborhood from symbols of freedom and hope into the rationalizations for their blind hatred.

All the residents of State Mare Street are about to enter the nightmare of an extreme animosity of one group against another. The horror of pending disaster will explode in Detroit within two weeks of Marco's entry. The city will be in total chaos and unrest. It will be the site of the worst racial riots in the United States since the violent protests in New York City during the American Civil War. The nation is, during that summer of 1967, on the brink of another sanguinary social conflict.

As he did with *Biglietto di terza* and *Tragica America*, Rimanelli depicts a society, the American, to show that the myth of America, equality and freedom for all, is, in fact, an illusion; it has not yet been achieved, but it is, as shown in *Tragica America*, possible if the populace voices their opinion and understands that the country is still quite young and in the process of learning. In that book, the author personifies the United States and shows that the country is, like his father states,

> [...] come una sposa un po' matta, che non si vuole divorziare. Te la devi perciò tenere cosí com'è, mettendole a volte anche le corna, ma per poi tornare a volerle bene. Ci sono batticuori, ma il divertimento è maggiore. (59-60)

Mircea Eliade explains that myth relates a hallowed story, a primordial event that took place *ab initio*. The myth is the past in *illo tempore*. Once told, the mystery becomes truth; it establishes a legitimacy that is irrefutable (Eliade, *The Sacred*, 95). If, however, as Eliade states, myth speaks only of realities, then the fable that Rimanelli is trying to uncover is the actuality of the American dream: the land of the free and the unoppressed. America is still a puerile country. It is a nation that still has the potential for growth and maturity as it is going through, as Eliade illustrates, a type of initiation rite which, if it passes the test, can come out of its pubescent social and political state and develop into a more seasoned nation.

The incubus of the *inferno* in which Marco now finds himself continues and increases in the following story, *Dimostranti*, when the protagonist is, once again, confronted by mob violence and thrust, anew, within an infernal situation. Pietro Laudato gives to his son two packages that have arrived for him. One is the newest novel, *Don Juan*,[34] from his friend, the Spanish novelist, Torrente Ballester. The narrative is a contemporary adaptation of the classic *Don Juan* theme. After skimming the book, Marco decides to take a bus downtown which is the start of the story *Dimostranti*. In the downtown area of Detroit, Marco helps a blind man cross the street. There are political and social demonstrations going on. The blind man blames the communists as well as the African Americans for the disturbance. Although this man is physically blind, he believes that he can see and understand everything. The blind man disappears during the chaos and Marco is led into a church so as not to be harmed by the demonstrators. The police come and violently try to break up the peaceful demonstration.

The prototype of *Don Juan* is the sinner who never repents and always believes that there is still time for atonement.[35] At the conclusion of Tirso de Molina's classic play, his protagonist, who never made amends for his actions before his death, is taken by the hand and conducted into the unreal world of Hell by Don Gonzalo, the father of Doña Ana, the woman who Don Juan maligned. The introduction of Don Juan into the narrative of *Dimostranti* allows Rimanelli to have his character, Marco Laudato, transported once again, on a journey that will take him through the bowels of hell.

Marco's trek to the downtown area is a modern-day echo of Dante's crossing of the Acheronte.[36] He has, abstractly, been carried through time by the arrival of Torrente Ballester novel, and

---

[34] Gonzalo Torrente Ballester, *Don Juan* (Barcelona: Ediciones Destino, 1963).

[35] The character of Don Juan is constantly being reminded that he must repent his sins. However, every time the mention arises, he responds, repetitively, *Tan largo me lo fiáis.*

[36] *Inferno V*, 82-93.

comes vis à vis with his spiritual quandary of his earlier life as alluded to in *Tiro al piccione* and specified within the short story *Due vocazioni:* the clergys grasp on the secular rather than the reverent world.

His travel on the city bus, moreover, is evocative of an episode in *Biglietto di terza* in which the author, takes a city bus called *Nowhere*, to a job interview for writing radio programs while in Montreal.[37] His entrance to that bus on a cold and snowy day, was, simultaneously, reminiscent of the manner in which Marco entered into the armed forces: following a group of people without knowing where and what they were doing. As he was traveling on the bus that made no stops, he looked around and felt as if were with "le anime condannate che Caronte ha portato a Dite."[38] There was, moreover, a second episode in which Rimanelli takes a bus called *Nowhere* within that text. As he is touring around the Ontario province, his car is stolen. A bus driver offers him a ride to the nearest town. In order to acquire some money so as to return to his parents home, he takes a job as a day worker on a tobacco plantation. Here he sees that the life of the immigrant is not as imagined before arrival. The new resident of the country must take any job available and the so called "streets paved with gold," are non-existent.

As Dante has a guide in his passage through Inferno in the figure of Virgil, Marco Laudato, in this novella, does not have one. Beatrice sent Virgil as a the cicerone through the underworld to help a lost and disoriented Dante on his journey. She is *la donna angelicata* of his life. Marco, on the other hand, does not have a *donna angelicata* to assist him on his trek. His wife is continually absent and never makes an appearance. She is portrayed as *la donna non existente*. Marco's mother has no discerning role as she, too, doesn't appear in the text. In *Tiro al piccione*, there was no actual female who

[37] Giose Rimanelli, *Biglietto di terza* (Milano: Arnoldo Mondadori Editore, 1958). A new edition came out in Canada in 1998 (Welland, Ontario: Soleil, 1998).
[38] "Era il primo pomeriggio e la città, sotto i fiocchi bianchi, pareva addormentata. Gardai uno per uno i miei compagni di viaggio, e anch'essi parevano addormentati, figure di sasso antico, anime di condannati che il Caronte sordo portava a Dite" (*Biglietto di terza*, 74).

functioned in this role for Marco. If there were a *donna angelicata*, she appeared as the personification of Marco's home region of Molise. Although the young Marco wanted nothing more than to escape the restrictions of that medieval society, during his wartime experience, he wanted nothing more than to return to it. In this novella, not even Molise has a role. Dante had Virgil and Marco functions as the reader's Virgil, our guide through the dark days of the racial unrest in Detroit, Michigan.

During an anti-war demonstration and civil protest against police brutality, a riot initiates outside the walls of a church. Marco finds himself conducted within the very church outside of which the manifestation takes place. The police arrive and with water hoses and clubs, they savagely attempt to break up the unlawful gathering. The priests, silent throughout the clamor of the political protest and resulting disturbance, never offer asylum or comfort to the people seeking peace and equality. The helpless victims enter the chapel without the blessing of the clergy and, even though there is one priest who drags the wounded body of a Caucasian man into the church, he, too, remains voiceless throughout the entire rukus. Instead, the clerics only announce there worry about the possible physical damage that the marchers could effect within their walls.[39] These men of G-d behave in a manner similar to those who are doomed to remain within the waters of the Acheronte. They do not take a political or social position with regard to the inequities of the populace and are only concerned with the economic wealth of the Church. This episode is, also, suggestive of great poet in which he discusses the sin of avarice within the clergy. Rimanelli, like the Florentine, is accentuating the lack of piety on the part of some members of the clergy. The priests within the story are more concerned with their worldly possessions than their ecclesiastical obligations.

Although the social disorder in Detroit had all the markings of continuing the long history of segregation that permeated

---

[39] "Ma piano, per favore, non rompete i banchi, non fate danni, che tutto costa, tutto costa..." (168).

American culture and society, the cause of the social unrest was, in fact, the desire to be part of the American fabric of life and not to be excluded or separated from it. There is chaos and violence occurring all around the church. The religious brothers are concerned only with irreverent matters: they do not want people to damage their property. They say nothing about the political situation happening right outside their doors. The Church is behaving, during this tumultuous time in Detroit, similarly to thirty years earlier in Italy during the reign of Mussolini that Marco Laudato and all of Italy witnessed; saying nothing until it is too late.

During Italy's twenty years under Mussolini, the Church did nothing to condemn his racial policies installed in 1938 against the Jews. The Jewish population in Italy was small and had been in the country *ab initio*. Mussolini incorporated many of the Church's imagery to build support for its anti-Semitism campaign. By the time Pius made a statement against the anti-Semitic laws (l'antisemitismo è inammisibile..."), it was too late; the damage had already been done,[40] as he said nothing and allowed it to occur.

The United States, in the 1960s, handled the African American in a parallel manner as Italy dealt with the Jews thirty years earlier. They were victims of brutality and segregation. In a surprising twist of fate, a Jewish barman in Milan saved Marco Laudato from the ferociousness of the Nazis from whom he was escaping. The young, former seminarian is protected by the victimized Jew in Italy. In Detroit, no one helped the African American. They were not able to elude the savageness of the era.

In a curious turn of historical events, the medieval politics that controlled the political reality of Florence, Italy is recognizable within the contemporary universe of Detroit, Michigan. Florence, in the XIV century, was a city split by two political blocs: The White and the Black Guelph's. The start of hostilities within the city between these two factions was a street riot the evening of May 1,

---

[40] Upon Pius's death, all his archive was sealed and for decades people have wanted to examine his role during the Nazi period. Only within the past two months (March 4, 2019) has the current Pope given permission to open and exam the documents ahead of the seventy year period from his death. The Church is, according to Pope Francis, not afraid of its history.

1300. The altercation between these two groups was a threat to the city of Florence and Italy as a whole.[41] In a grotesque-like fashion that parallels the past, six hundred years later in another country, the city of Detroit was, also, politically divided along color lines: Black and White. The large African American community lived in a small section of the city, with very bad housing conditions, and forced to live in segregated areas. African Americans were being profiled and White police officers commonly used brutality against them. "White flight" was universal leaving the downtown area crumbling and vacant. During the early morning hours of July 23, 1967, the city erupted into violence and the racial riots that began on that night lasted for five days. The public demonstration that started in Detroit, spread to other cities within the United States.

If, as Erich Auerbach explains, Dante's metaphysical voyage was motivated by political realities, *il subito movimento di cose,*[42] then the re-appearance of Marco Laudato, twenty two years after his original transcendental and physical journey through the Italian Civil war is, again, motivated by the political reality of the day. In *Tiro al piccione,* Marco Laudato was a young, naive, sheltered boy from a small southern region of Italy who was pushed, violently, into adulthood by Italy's internal hostilities. That immature principal character was forced by the appalling circumstances to grow up, and it was upon his return to his native Casacalenda, that the protagonist of that history realized that he had to write the story of a "young boy who fought on the wrong side." He was a witness to the Fascist atrocities and told the world about them. Marco rejected being reticent and unrevealing. His is a voice without political justifications or personal confessions. Now, in the contemporary period, Marco, no longer a child, is in another country, a nation "dedicated to the proposition that all men are created equal." Yet again, he attests to the horrors of another internal civil struggle in another country: the fight for equality and Civil Rights. As he did in *Tiro al*

---

[41] Paget Toynbee, *Dante Alighieri: His Life and Words,* edited by Charles Singleton (New York: Harper & Row, 1965) 75-78.

[42] Erich Auerbach, *Dante: Poet of the Secular World,* translated by Ralph Manheim (Chicago and London: The University of Chicago Press, 1961) 83.

piccione, Marco in this novella, has decided not to be quiet, but to voice loudly his condemnation of all those people who said and did nothing. "The world," according to Albert Einstein, "will not be destroyed by those who do evil, but by those who watch them without doing anything." It is the same truth that reverberates in this new tale of Marco Laudato.

La memoria negata e "l'illacrimata sepoltura"
Foscolo, Pasolini e i diritti annegati dei migranti

Daniela Privitera
SCUOLA ITALIANA, MIDDLEBURY COLLEGE

Se oggi il tema della migrazione sembra profilarsi al centro di un dibattito pubblico sempre più serrato, il rischio di trasformare la condizione del migrante in un esilio perenne è reale quanto le morti in mare degli stessi migranti. Voltarsi indietro, forse servirebbe a ricordare che quando all'inizio del XX secolo eravamo noi a salpare verso l'ignota e favolosa America, i vascelli della morte seppellivano milioni di migranti nella tomba immensa dell'oceano, perché, come si legge nei documenti del Museo nazionale dell'emigrazione italiana (De Angelis, 2018):

> Al trasporto dei migranti venivano assegnate le carrette del mare, con in media 23 anni di navigazione. Si trattava di piroscafi in disarmo, chiamati "vascelli della morte", che non potevano contenere più di 700 persone, ma ne caricavano oltre 1.000, che partivano senza la certezza di arrivare a destinazione.

La storia si ripete e, ieri come oggi, i morti in mare appaiono sempre come una colpa dell'uomo e una conseguenza del potere che arriva perfino a profanare la pietà della sepoltura come nell'antica Grecia ci ricordava la tragica storia di Antigone. "Pollà ta deinà": recitava, infatti, il coro nel primo stasimo dell'*Antigone* di Sofocle: "molte potenze sono tremende ma nessuna lo è più dell'uomo".

Oggi e sempre Antigone torna a ricordarci la divisione perenne tra *nomos e ius*, tra l'obbedienza assoluta e la rivolta personale, tra il regno dei vivi e quello dei morti. Nota è la sua storia che la vide opporsi fino alla morte al re Creonte, il quale vietava su emanazione di un editto, la sepoltura dei dissidenti, primo fra tutti Polinice, il fratello di Antigone.

Come si ricorderà, contravvenendo all'ordine, Antigone diede parziale sepoltura al fratello ricoprendolo di sabbia. Il gesto bastò per condannarla a morte. Fu la vittoria della legge sul diritto:

Quel diritto non scritto e non mutabile, che non è di ieri né di oggi, ma da sempre, di cui è ignota la rivelazione"; lo *ius* che vale per le cerchie umane, [...] e quindi nel culto dei morti come espressione di civiltà. (Zagresbelsky, 2003).

I secoli che ci separano da Antigone sembrano aver fermato le ali dell'angelo del progresso perché oggi "Il diritto è divenuto sola legge e la legge solo potere" (Zagrebelsky, ibid). Di fronte a esso, ci sono solo sudditi. Creonte, e con lui l'assolutismo nel diritto, hanno vinto la loro battaglia.

Oggi chiudere i porti è una legge dello Stato:[1] lasciare insepolti i morti è invece il dominio della legge sul diritto. Che si chiami Salvini o Creonte, la tragedia dei morti in mare è l'applicazione di una legge senza giustizia di uno stato di paura in cui i confini sono diventati tutto ciò che riusciamo a vedere. Da un lato, l'ordine imposto, legittimo di un sovrano "eletto" — diremmo oggi — e dall'altro, la disubbidienza morale contro le tentazioni tiranniche della democrazia.

Sin dai tempi più antichi, il problema si configura come una *vexata quaestio*, dove lo scempio della sepoltura illacrimata non era un principio ammissibile neanche al "tempo degli dei falsi e bugiardi", ancor più oggi, in una sedicente ed ipocrita società civile.

Tuttavia, è pacifico che nemmeno oggi, per quanto lontani dalla *pìetas* antica, potremmo attenuare il contrasto perché di fronte a un cadavere insepolto, scatta da sempre nelle società civili di tutti i tempi il meccanismo della "memoria condivisa".

---

[1] La politica dell'allora Ministro degli Interni Matteo Salvini, più che una legge è stata uno slogan che ha sintetizzato la sua politica restrittiva nei confronti degli immigrati. Secondo le vigenti disposizioni, infatti, la decisione di chiudere i porti spetterebbe al Ministero dei Trasporti e non al Viminale.
In ogni caso l'autorizzazione allo sbarco deve essere controfirmata dal Ministro dell'Interno che può negare lo sbarco in base alla Convenzione di Montego Bay (1982) per giustificati motivi di sicurezza. Con lo slogan sulla politica dei porti chiusi, in realtà, Salvini, ha manifestato la sua politica anti immigrazione, bloccando talvolta gli sbarchi, senza tuttavia emanare alcun atto ufficiale della chiusura dei porti (Cfr. www.agi.it, 2019).

Il problema, infatti, non riguarda il presente di una civiltà ma il passato da elaborare come il lutto nei confronti di una persona cara.

Non si seppellisce un cadavere per dimenticarlo o farlo cadere nell'oblio, ma al contrario, per preservarne la memoria collettiva, per perpetuarne l'esistenza nella memoria e assicurare così il proseguimento della civiltà dell'uomo. Alla maniera di Foscolo, che maledisse da sempre la morte illacrimata degli esuli come lui stesso si sentiva.

Anche per Foscolo, dunque, come per Antigone, la questione della sepoltura illacrimata non è un problema di carattere personale, ma la ricerca di un equilibrio tra il senso della morte e il rapporto tra scomparsi e superstiti. E se il tema funebre anticipato da Foscolo nei *Sonetti* parte, pur sempre, da una condizione personale legata alla lontananza e all'esilio volontario del poeta, per il quale le rappresentazioni letterarie, rispettivamente, del fratello Giovanni e di Omero ne costituiscono le personali proiezioni, è con il carme *Dei Sepolcri* che Foscolo "riscrive i fondamenti di un'antropologia laica" (Luperini, 2001: 227) contraddicendo alcuni punti dell'editto napoleonico di Saint-Claude che introduceva l'anonimato delle tombe collocate rigorosamente fuori dai centri urbani.

Al centro vi è sempre la memoria, snodo essenziale per il perpetuarsi della civiltà tramite il ricordo che serve più ai vivi che ai morti.

Così se nel sonetto *In morte del fratello Giovanni*, il dialogo a distanza con il cenere muto del fratello descrive lo strazio dell'assenza personale sul valore sacro della tomba, ne *A Zacinto*, si profila già il senso eterno del ricordo come modello esemplare da perpetuare nella poesia, attraverso il parallelismo Omero / Foscolo ove il poeta, quale nuovo possibile vate del mondo moderno, reitera la funzione civile della poesia come antidoto al nulla, e compensazione all'oblio:

> Tu non altro che il canto avrai del figlio,
> o materna mia terra; a noi prescrisse
> il fato illacrimata sepoltura/ (vv.12-14)

Così recita mestamente la chiusa del sonetto.

Il valore universale del diritto funerario come fondamento di tutte le civiltà costituisce invece l'ispirazione della coraggiosa proposta dei *Sepolcri* ove la didascalia iniziale posta in apertura del carme *"Deorum manium iura sancta sunto"* avverte già il lettore del valore oracolare e collettivo dell'inalienabilità della sepoltura come esempio di civiltà e pietà. Il significato della frase "I diritti degli dei Mani saranno sacri" vale come monito al fine di ricordare che onorare i Morti (le anime dei quali erano appunto gli Dei Mani) oltre che un diritto è anche un dovere senza tempo com'è sottolineato dalla natura deontica, obbligatoria, dell'imperativo futuro latino "Sunto".

Memoria e civiltà sono per Foscolo speculari perché riscattano l'umana condizione, a prescindere dalla fede: l'uomo si riscatta solamente nel suo rapporto con la storia e perciò la sua esistenza conta nella misura in cui egli viene consegnato all'immortalità della memoria ma ciò è possibile solo attraverso la civiltà del sepolcro. La tomba, infatti, è il simulacro della memoria, che suggella per sempre il nome di chi ha vissuto, assicurando la sopravvivenza attraverso il ricordo di quel passato che coincide con il cammino concreto della civiltà umana e, grazie al quale, il passato non si estingue ma sopravvive nel futuro.

È questa la "celeste corrispondenza di amorosi sensi", fatta dal pianto e dal ricordo dei vivi sulla pietra sepolcrale che consente il perpetuarsi della vita oltre il nulla, una dote tutta umana che nessuna legge potrà e dovrà mai vietare perché "non sorge fiore ove non sia d'umane/ lodi onorato e d'amoroso pianto" (*Dei Sepolcri*, vv. 88-90):

> Celeste è questa corrispondenza d'amorosi sensi
> celeste dote è negli umani; e spesso
> per lei si vive con l'amico estinto
> E l'estinto con noi (vv. 29-33).

La funzione eternatrice del ricordo si tramuta nel valore civile della poesia, la sola "armonia che vince di mille secoli il silenzio" e ci permette ancora oggi di dialogare con gli uomini (nemici e amici) che con le loro gesta hanno permesso il cammino della civiltà e il progredire della storia.

L'onore del pianto, insomma, rende operativa la lezione dei *Sepolcri* che diventa insieme un carme affettivo e politico come sottolinea la "fine veemente" (Alfonsetti, 2011: 35) del poema in cui il riconoscimento della virtù di Ettore, nemico giurato dei Greci rimane pur sempre un modello da collocare nel cammino della civiltà:

> E tu onore di pianti, Ettore, avrai
> ove fia santo e lagrimato il sangue
> per la patria versato, e finché il Sole
> risplenderà sulle rovine umane. (*Dei Sepolcri*, vv. 292-295)

La centralità della dimensione memoriale torna in un poema antieroico per eccellenza come l'*Antologia di Spoon River* dell'americano Edgar Lee Masters. Se Foscolo, infatti, si concentra sulle tombe dei grandi personaggi per l'esempio che possono dare agli uomini del presente, il poeta americano, al contrario, si sofferma sulle tombe degli uomini comuni, ugualmente importanti nella trasmissione del processo storico.

La sua indagine si addentra nell'etica e nel ricordo e un intreccio di richiami si correla con la riflessione sulla problematicità del senso della vita.

Come per Foscolo, anche per Lee Masters non è in discussione il valore della sepoltura legata alla memoria e al disperato bisogno che l'uomo ha di trovare un senso e una guida ai suoi atti come si evince dai prosaici e malinconici versi dell'epitaffio a George Gray:

> Molte volte ho studiato
> la lapide che mi hanno scolpito:
> una barca con vele ammainate, in un porto.
> [...]
> Adesso so che bisogna alzare le vele

> e prendere i venti del destino,
> ovunque spingano la barca.
> Dare un senso alla vita può condurre alla follìa
> ma una vita senza senso è la tortura
> dell'inquietudine e del vano desiderio -
> è una barca che anela al mare, ma ne ha paura.
>
> (A George Gray)

Anche Pier Paolo Pasolini contrappone alle foscoliane "urne dei forti" un disadorno fratello Gramsci e di contro al veneto-greco riconosce non già l'esempio di una storia gloriosa ma una domanda che non si aspetta risposta e ci restituisce un senso di progressiva disumanità del presente:

> Mi chiederai tu morto disadorno
> di abbandonare questa disperata
> passione di essere nel mondo?
>
> (*Le ceneri di Gramsci* vv.229-231)

Nel dialogo con Gramsci la corrispondenza non è più celeste perché il vivo Pasolini constata la mutazione antropologica: "il grigiore del mondo, | la fine del decennio in cui ci appare | tra le macerie finito il profondo | e ingenuo sforzo di rifare la vita" (vv. 11- 14).

L'anelito dei vivi rimane, però, sempre lo stesso: Pasolini trarrà dal cenere muto di Gramsci la spinta per volgersi, ancora una volta, a quel mondo del sottoproletariato, unica alternativa possibile di cambiamento.

Sarà col "cinema di poesia" che egli ripristinerà la lezione demartiniana della "tecnica del cordoglio" e del pianto, soli mezzi capaci di attivare il meccanismo del ricordo che fa diventare vita una storia.

In altre parole, Pasolini fa col cinema quello che Foscolo fa con la poesia: restituisce la voce a un'assenza:

> Per Pasolini solo attraverso la morte la nostra vita acquista senso. Questa affermazione risulta particolarmente rilevante se si considera che nei suoi film a morire sarà sempre un apparte-

nente al sottoproletariato, la classe sociale che, secondo Pasolini, la nuova società capitalista non considererebbe esistente.

In questa prospettiva, le morti di Ettore in *Mamma Roma* e dello lo stesso *Accattone* sarebbero un profondo atto espressivo indicante il loro esserci nella storia. (Monica Facchini, 2011: 4)

Sulla morte illacrimata si è detto e scritto molto, ma evidentemente, la presuntuosa eternità in cui oggi pretendiamo di vivere fa sì che avvertiamo meno l'importanza fondativa della civiltà del sepolcro.

Se oggi la sorte dei cadaveri è diventata solo un problema di spazio e di igiene pubblici, è perché la logica dei numeri e delle statistiche ha sostituito la pietà del ricordo che coincide con il nostro "essere storia" nel mondo.

Se adesso passiamo dalle parole ai numeri, 10.500 è la cifra approssimativa dei morti in mare dal 2016 al 2018 secondo le stime dell'Alto commissariato per i Rifugiati delle Nazioni Unite (Benvenuto, 2018).

Qualcuno dice che se i porti rimangono chiusi diminuiscono anche i morti in mare: le percentuali dicono, invece il contrario: dall'1,4% del 2016 all'1,6% del 2018) Diminuiscono, cioè, i morti ma cresce la possibilità di morire. (Massari, 2019).

Oggi, la modernità professa il ludibrio del corpo che marcisce ma svela l'inesorabile annientamento di se stessa e dell'essere umano. Ai morti del Mediterraneo che "neanche da vivi consideravamo uguali a noi" (Marchetti, 2018) riconosciamo l'unica condizione che gli pertiene: quella dell'assenza.

La clemenza del mare a volte restituisce foglietti, lettere e fotografie: sono relitti di vite senza cittadinanza.

Tra le leggi che fanno da diaframma tra il tempo in cui l'umanità era impietosa e ferina e il tempo in cui siamo diventati qualcos'altro, è lecito domandarsi che fine hanno fatto le leggi non scritte.

Il pensiero torna ad Antigone, e ancora prima ad Omero che nell'Odissea tornava a parlarci di un'altra legge non scritta: quella dell'ospitalità. Per i Greci, infatti, accogliere gli stranieri, per quanto barbari, era una legge inviolabile come dimostra anche l'accoglienza di Ulisse curato e protetto dagli stessi Feaci.

È curioso osservare che oggi su quello stesso mare solcato dalla zattera di Ulisse, i corpi dei migranti galleggino insepolti diventando quasi strumenti politici di morte, come fece Creonte con il corpo di Polinice.

Esiste una differenza tra il crudele re di Tebe e chi oggi riceve l'ordine di riportare indietro e lontano dai nostri porti, le persone che fuggono senza avere riguardi per i loro corpi, per le loro vite?

Ulisse, fuggendo da Circe, tornò indietro per seppellire il corpo di un compagno morto, Antigone per la morte di una sola persona insepolta si oppose a Creonte; oggi che siamo molto più civili di quanto non lo fossero i nostri avi, lasciamo, invece, che i tanti corpi illacrimati dei migranti parlino di noi.

Sarebbe forse opportuno chiedersi se dinanzi al precipizio sceglieremo il diritto o la legge: saremo Antigone o Creonte?

BIBLIOGRAFIA

Alfonsetti, Beatrice. "La fine veemente" sul Finale dei *Sepolcri*," in *Lettere italiane* I, 2011 in

agi.it -news. "Alla fine Salvini i porti li ha chiusi o no"? 11 maggio 2019 in www.agi.it (consultato il 25/07/2019)

Benvenuto, Roberta. "Migranti, con Salvini calano gli sbarchi ma aumentano i morti in mare. Villa: "Numeri mai registrati prima", *Il Fatto quotidiano*, 2 ottobre 2018, in https://www.ilfattoquotidiano.it › 2018/10/02 › 4663045 (consultato il 26/10/2018).

De Angelis, Erasmo. "Immigrazione: ricordiamo i nostri nonni che, un secolo fa, sognavano un futuro lontano dal loro paese," *Huffington Post*, 12 giugno 2018 in huffigntonpost.it (Consultato il 20/07/2019).

Facchini, Monica. *L'Ordine della Morte: potere e Pianto Rituale nel Cinema di Francesco Rosi, Gillo Pontecorvo e Pier Paolo Pasolini* , 2012 (Tesi di dottorato) B.A., Università di Lecce, 2003 M.A., Brown University, 2011 in https://repository.library.brown.edu › studio › item › bdr:297677 › PDF (consultato il 17/02/2019).

Gavazzeni, Franco (a cura di), *Foscolo, Ugo. Opere*. Milano-Napoli, Ricciardi, 1974.

Luperini, Romano, Cataldi Pietro-Marchiani, Lidia -Marchesi Franco. *Il nuovo La scrittura e l'interpretazione* Ed. rossa, Tomo 4, Palermo: Palumbo Editore: 2011.

Marchetti, Laura. "La morte illacrimata e gli auguri ai vivi" 7 gennaio 2018 "Il Manifesto" in https://ilmanifesto.it › la-morte-illacrimata-e-gli-auguri-ai-vivi (consultato il 23/03/2019).

Massari, Antonio. "Migranti, sempre meno sbarchi. Ma in percentuale aumentano le vittime del mare" 20 gennaio 2019, *Il Fatto quotidiano* in https://www.ilfattoquotidiano.it › in-edicola articoli › 2019/01/20 › men... (consultato il 12/07/2019).

Masters, Edgar Lee. *Antologia di Spoon River.* Torino, Einaudi:2014.

Pasolini, Pier Paolo. *Le ceneri di Gramsci*. Milano, Garzanti: 2015.

Zagrebelsky, Gustavo. "Antigone e la legge che smarrisce in "https:// ricerca.repubblica.it › repubblica › archivio › repubblica › 2003/06/25 (consultato il 24 /04/2019).

Identità femminile tra Somalia e Italia nei racconti *Fra-intendimenti* di Kaha Mohamed Aden e nel docufilm *La Quarta Via* di Kaha Mohamed Aden e Simone Brioni

Simonetta Puleio

Università di Stoccarda e Tubinga (Germania)

Afroitaliana o Italoafricana?

Nella raccolta di racconti *"Fra-intendimenti"* Kaha Mohamed Aden cerca una risposta a questa domanda, analizzando l'identità femminile a cavallo tra le due culture, quella somala e quella italiana, e basandosi sulle proprie esperienze legate alla sua immigrazione forzata in un paese — l'Italia — che già conosceva a causa del suo passato coloniale. Le storie narrate nel libro sono quasi tutte di natura autobiografica: gli elementi relativi alla storia del personaggio che inducono il lettore a identificarlo con l'autrice in persona ricorrono in tutti i racconti contenuti nella raccolta. Tuttavia, ogni racconto rappresenta un mondo che supera l'esperienza personale dell'autrice, presentando quindi al lettore un esempio della diaspora somala e della conseguente disgregazione di un universo nazionale. Lo stesso tema viene poi approfondito anche nel docufilm *"La Quarta Via"*, dove la lingua somala e la nuova lingua italiana si avvicinano come le vie che Kaha ci illustra nel corso della narrazione filmica, allo scopo di portare lo spettatore alla scoperta della sua Mogadiscio. Una Mogadiscio che solo adesso può rievocare, dato che ha la mente e il cuore ben radicati a Pavia, sua città di adozione che le permette di avere ben solide radici. Parlando della Somalia di ieri, di oggi e di domani, il film induce lo spettatore a fare i conti con la storia del colonialismo italiano nel Corno d'Africa, tema spesso rimosso e dimenticato dalla memoria storica dell'Italia odierna. Durante la narrazione filmica, Mogadiscio ci viene presentata mediante quattro vie che Kaha ci disegna in diversi colori vivaci e ben definiti: verde, il colore dell'Islam; nero, colore del fascismo; rosso, colore del socialismo; grigio, colore/non colore della guerra.

L'opera di Kaha Mohamed Aden nasce da un forte bisogno di testimonianza, dal bisogno cioè di veder rappresentate le proprie esperienze di donna, giunta in Italia da una sua ex colonia, per porle all'attenzione della scena culturale italiana.

Nella cultura somala il nome proprio ha la funzione di identificare la persona, come ci fa notare lo studioso Simone Brioni[1] nell'introduzione a "La quarta via"; per questo motivo nel corso di questo contributo mi permetterò di citare l'autrice con il solo nome proprio. Proprio riguardo al suo nome essa stessa dichiara:

> Sono nata da una famiglia dedita per generazioni allo studio del Corano, ma il nome non si trova tra le pagine del Corano. Il mio nome è un omaggio a tanta libertà cercata per l'indipendenza dell'Africa, agli anni sessanta, quando sono nata, Kaaha: la luce del sole.[2]

Inizia quindi subito con il primo dei racconti che compongono la sua raccolta la presa di coscienza della propria identità, che approfondirà poi nel docufilm "La quarta via":

> Fondamentalmente, italo-somala per me non vuol dire niente. Io sono Kaha, in primo luogo, e la cultura italiana e la cultura somala si mescolano dentro di me; non ho questi confini, non ho confini dentro di me: qui c'è la cultura italiana e qui c'è la cultura somala... si mescolano ed escono in base al contesto in cui mi trovo.[3]

Con l'emigrazione prevale l'immaginario del raccontarsi, il bisogno di contrastare l'immagine talvolta distorta che sempre più ci viene imposta dai social e dai media nazionali; soprattutto nella narrazione femminile emerge forte questa esigenza, si impone sempre più chiaramente il bisogno di porre l'attenzione su alcuni temi, una sorta di ponte tra culture, un ponte tra Africa e Italia.

Vari storici hanno fatto notare che con l'impresa coloniale l'Italia ha idealmente costituito un ponte verso l'Africa; mezzo secolo

---

[1] Simone Brioni, *Somalitalia, Quattro vie per Mogadiscio,* 2012, pag. 6.
[2] Kaha Mohamed Aden, *Fra-intendimenti*, 2010, pag. 10.
[3] Trascrizione dal racconto orale *La quarta via*, 2012, minuto 32:31.

dopo gli ex colonizzati lo stanno attraversando in senso contrario. Per molti di loro risulta addirittura inaspettato essere trattati da stranieri, dato che alla generazione dei loro nonni era stato inculcato che proprio l'Italia era la loro vera madrepatria, la luce che li avrebbe illuminati "sulla loro strada verso la civiltà[4]".

A questo riguardo è assai interessante la rievocazione di un'altra autrice di origine somala, Shirin Ramzanali Fazel, una delle primissime scrittrici della migrazione in lingua italiana negli anni '70, che racconta così nel suo primo libro *"Lontano da Mogadiscio"*[5]:

> Appena arrivata in Italia, mi sembrava che gli italiani fossero tutti sordi. Quando mi capitava di chiedere in perfetto italiano a un passante: "Per cortesia, mi può indicare via Monte Nero?", la persona interpellata mi guardava e iniziava a gesticolare freneticamente scandendomi le parole ad alta voce e coniugando tutti i verbi all'infinito. [...] la stessa scena si ripeteva al mercato o in qualche negozio. Questo mi lasciava interdetta, anche perché qualsiasi informazione mi veniva ripetuta, sempre all'infinito, tantissime volte; quasi che fossi sorda. [...] Man mano che allargavo il giro delle conoscenze mi sentivo rivolgere le domande più strane, c'era addirittura che era convinto che in Africa fossero tutti cannibali e andassero in giro con il gonnellino di paglia [...]. All'inizio me la prendevo, poi capii la grande ignoranza che c'era. Loro conoscevano solo l'africano dei documentari in bianco e nero; l'africano dei film di Tarzan che fa roteare gli occhi parlando all'infinito. Provai una grande rabbia, ma non per loro! Io, come moltissimi somali, avevo studiato la lingua italiana e la storia d'Italia, mentre l'Italia non s'era mai degnata di fare altrettanto con noi. I bambini, in Italia, sui libri di scuola hanno ancora la figura del negretto col gonnellino di paglia, l'anello al naso e l'osso tra i capelli, pensavo.

Questo senso di straniamento, assai ben descritto da Shirin Ramzanali Fazel in questa lunga citazione, è molto presente nelle opere di autrici e di autori provenienti dai paesi ex coloniali e non: mai come in questi anni di trasformazioni sociali e di migrazioni verso la "ricca" Europa, la questione identitaria è diventata un tema

---

[4] Brigitte Le Gouez, *"L'altro versante della storia"*, in: *Transkulturelle italophone Literatur*, hrsg. von Kleinhans, Schrader, Würzburg 2013, pag. 157.
[5] Shirin Ramzanali Fazel, *Lontano da Mogadiscio*, Roma Datanews 1994, pag. 31-32.

cruciale e i movimenti migratori sono spesso strumentalizzati dalla politica allo scopo di creare la paura del diverso. E' doppiamente meritoria quindi l'opera di autori come Kaha Mohamed Aden perché hanno molto da dire e da dare alla società italiana di oggi, in una necessaria ottica di confronto interculturale.

Nel volume *Fra-intendimenti*, in cui il gioco di parole del titolo ricorda un po' il titolo *"Imbarazzismi"* di Kossi Komla Ebri[6], fra-intendimenti fra Italia e Somalia, Kaha narra con tono vivace e spesso ironico alcuni di quei piccoli equivoci che si possono tradurre in situazioni di imbarazzo. Il trattino è da interpretarsi talora come segno di equivoco, più spesso come anello di congiunzione tra due mondi. Nella lettura di questa raccolta di racconti bisogna senza dubbio interpretare il trattino soprattutto come segno di unione, anello di congiunzione tra i due mondi, piuttosto che come segno di equivoco. Con tono vivace e ironico Kaha ci racconta alcuni di quei piccoli equivoci che spesso possono generare imbarazzo e fraintendimenti, gettando un ponte fra realtà che possono spesso risultare come eterogenee.

Nel già citato racconto di apertura, *Autoritratto*, l'autrice presenta al lettore una parte della sua famiglia, più precisamente le sue nonne, collocando la sua identità all'interno di un quadro familiare ben delineato e di una tradizione ben precisa[7]:

> Mi è stato chiesto di mandare una mia autopresentazione. [...] Ho deciso di raccontare in modo molto conciso tre delle mie numerose nonne. Ho avuto tante nonne, un fatto ordinario in quella che fu la Somalia e straordinario in Italia. Siccome i miei genitori speravano che queste donne lasciassero un'impronta sul mio carattere o perlomeno nel mio cuore, presentandole spero di presentarmi indirettamente, quindi di soddisfare la richiesta che mi è stata fatta.

Questo interessante approccio identitario possiamo confrontarlo con il ricordo che delle sue nonne ha l'autrice afro-italo-

---

[6] Kossi Komla Ebri: *Imbarazzismi* (2002) e *Nuovi Imbarazzismi* (2004).
[7] Kaha Mohamed Aden, *Fra-intendimenti*, Nottetempo Roma 2010, pag. 7.

americana Kym Ragusa che nel suo volume *La pelle che ci separa*[8] racconta la propria variegata storia familiare partendo proprio dalle storie delle sue nonne, così diverse e così uguali.

> Era il 1999. A distanza di una settimana dall'altra, Gilda, la mia nonna paterna aveva seguito all'altro mondo Miriam, la mia nonna materna, come un'emigrante che attraversa l'oceano per raggiungere la sorella in un altro paese. (…) Miriam e Gilda erano state le forze magnetiche dei due poli che avevano dato forma alla mia vita: Miriam la mia famiglia afroamericana, Gilda la mia famiglia italoamericana.[9]

Dal primo all'ultimo racconto Kaha ci porta per mano ad esplorare il suo mondo: come in una visita a una galleria di quadri ci mostra situazioni sociali e familiari variegate, dai problemi con la grammatica italiana e con le istituzioni scolastiche straniere, al cambio di orario e alle telefonate con le zie. In un racconto ci spiega anche come si può "aprire un sogno":

> Vorrei tanto consegnare a qualcuno questo sogno. Qualcuno degno di aprire questo sogno. Aprire il sogno, si dice letteralmente così in somalo. Uno dei modi per aprirlo è quello di raccontare il sogno a qualcuno che ti conosce, con cui hai confidenza, e poi ne discutete. Io un'idea su questo sogno ce l'avrei: questo è il tipico sogno degli immigrati. In particolare di quelli che per pura sfortuna non hanno nessuna comunità che li riconosca e li protegga. Purtroppo il termine esatto è incubo e per molti è una realtà.[10]

La scelta linguistica è per Kaha molto importante. Non si tratta infatti del caso di quegli autori che hanno del tutto abbandonato la propria lingua madre per far uso della lingua del paese di accoglienza. Nel suo caso, provenendo da una ex colonia italiana, l'italiano può essere considerato come una seconda madrelingua che si accompagna al somalo. Gli slittamenti di senso e la presenza di

[8] Kym Ragusa, *The Skin Between Us: A Memory of Race, Beauty and Belonging,* Norton, New York, 2006.
[9] Kym Ragusa, *La pelle che ci separa*, Nutrimenti, Roma, 2008, pag. 19.
[10] Aden, Kaha Mohamed, op. cit., pag. 65.

termini derivati dalla lingua somala rappresentano proprio il senso di questa compresenza di due lingue, una doppia appartenenza anche linguistica oltre che culturale e psicologica.

Nel secondo racconto della raccolta dal titolo "Nonno Y. e il colore degli alleati", la scrittrice riferisce uno di quegli equivoci, appunto i *fraintendimenti* evocati dal titolo, che si spiega con un preciso riferimento alla ideologia coloniale che ha dominato gli anni del dominio italiano nel Corno d'Africa. "Solo in virtù di certe rappresentazioni mentali una giovane ragazza dalla pelle nera intenta a mangiare un panino in un bar nella pausa pranzo dal suo lavoro da impiegata, può apparire all'operaio dalla pelle bianca alla stregua di una merce a sua disposizione"[11]:

> E' una giornata freddissima: sotto ho il collant di lana, calzettoni di lana e stivaloni; sopra indosso il maglione pesante. [...] Siamo in pausa pranzo, ho bisogno soprattutto di un po' di calduccio e di un cappuccino molto zuccherato. [...] Mi sto crogiolando, quando arriva un signore grande e grosso, forse uno degli operai che lavorano alla ristrutturazione dell'edificio in cui io stessa lavoro. Mi chiede: "a che ora attacchi?" — Rispondo: "Alle due". [...] "ehi!" mi urla con un'espressione di chi chiede giustizia per un diritto violato. Di colpo mi blocco, perché di fronte ai diritti io mi fermo. Io: Cosa c'è? — Lui: non mi avevi detto che attacchi a lavorare alle due? — Io: Mancano dieci minuti. — Lui: Quanto prendi?[12]

L'idea che quella ragazza tutta vestita di lana, maglione e sciarpona possa essere una semplice impiegata nel momento della pausa pranzo non lo sfiora nemmeno: infatti, dietro a una realtà prosaica risorge la visione esotica che è prevalsa a lunga nella rappresentazione del corpo femminile nero, ovvero quella proiezione dell'universo fantastico maschile che finisce per prevalere sulla percezione oggettiva della realtà.

Sin dagli inizi della conquista coloniale italiana, che grosso modo coincide anche con l'avvento della fotografia come mezzo espressivo e di documentazione, la donna nera viene rappresentata

---

[11] Cfr. Brigitte Le Gouez, op. cit., pag. 163.
[12] Aden, Kaha Mohamed, op. cit., pag. 12-14.

come sottomessa al maschio e chiaramente disponibile sessualmente. A questo proposito rimando ad alcune copertine della rivista l'*Illustrazione Italiana*, uscita dal 1873 al 1962. Allo stesso modo si riscontrano notazioni animalesche riferite alla donna africana nel romanzo di Ennio Flaiano del 1947, *Tempo di uccidere*, vincitore della prima edizione del Premio Strega. Interessante vedere come si sviluppa la rappresentazione iconografica del corpo femminile a partire proprio dalle copertine di questo famoso libro: dalla prima edizione Longanesi del 1947 fino all'edizione Oscar Mondadori del 2003 abbiamo immagini di donne esotiche sempre poco vestite. Solo a partire dalle edizioni BUR del 2006 e del 2013 possiamo vedere sulle copertine illustrazioni stilizzate di paesaggi. Nelle note di Flaiano alla prima edizione del suo primo e unico romanzo troviamo queste interessanti annotazioni:

> Le colonie si fanno con la Bibbia alla mano, ma non ispirandosi a ciò che vi è scritto. Influenza delle canzonette sull'arruolamento coloniale. Alla base di ogni espansione, il desiderio sessuale[13].

Queste immagini non sono poi così lontane dalle cartoline coloniali, che ritraevano le donne del Corno d'Africa col corpo seminudo, passivamente adagiato su pelli di animali, in pose attraenti e sensuali che lasciavano presupporre la loro disponibilità a soddisfare il desiderio sessuale dei soldati[14].

In una nota intervista del 1982 di Enzo Biagi[15] a Indro Montanelli, storico giornalista toscano, emerge la storia di una fanciulla di circa 12 anni che aveva "comprato" come moglie nel 1936 per la cifra di 500 lire, come "madama" e che ha tenuto al suo servizio per circa due anni. Compresi nel prezzo ebbe anche un cavallo e un fucile, come lui stesso racconta a Biagi. Cos'era una madama? Il madamato designava, inizialmente in Eritrea e successivamente nelle

---

[13] Ennio Flaiano, *Tempo di uccidere. Aethiopia. Appunti per una canzonetta*, pag. 289. Rizzoli, Milano 1973

[14] Sonia Sabelli, *L'eredità del colonialismo nelle rappresentazioni contemporanee del corpo femminile nero*, in «Zapruder. Storie in movimento», Brava gente. Memoria e rappresentazioni del colonialismo, *a cura di Elena Petricola e Andrea Tappi, n. 23, settembre-dicembre 2010, pp. 106-15*

[15] https://www.youtube.com/watch?v=iJBW4gFJ3n0, minuto 27:34.

altre colonie italiane del Corno d'Africa, una relazione temporanea more uxorio tra un cittadino italiano, prevalentemente soldati, ma non solo, e una donna nativa delle terre colonizzate, chiamata in questo caso appunto madama[16]. Sin dai primi anni della presenza italiana in Africa Orientale il fenomeno da più parti venne giustificato come rispondente alla tradizione locale delle "nozze per mercede", una forma di contratto matrimoniale che vincola i coniugi a una reciprocità di obblighi. Molto spesso, però, gli italiani intesero il madamato soltanto come libero accesso a prestazioni domestiche e sessuali, senza curarsi troppo dei doveri che l'unione prevedeva. Indro Montanelli fu probabilmente l'italiano più famoso ad aver contratto un'unione di madamato. Nell'intervista definisce la ragazza "un animalino" e si giustifica dicendo che "a quelle latitudini a quattordici anni una fanciulla è una donna fatta, a venti è già una vecchia[17]". Inoltre, dichiara che dopo due anni l'avrebbe poi lasciata a un altro ufficiale italiano.

La conquista coloniale veniva infatti vissuta come "terapia" per arginare la degenerazione del maschio, e nei giovani italiani pronti a partire per l'Etiopia si fa strada il mito della terra da conquistare e dell'Africa come "paradiso dei sensi". In quest'ottica la legge del madamato rispecchia il pensiero comune dell'epoca e assomma alla discriminazione razziale anche quella di genere. Come ci fa notare la studiosa Caterina Romeo:

> L'immaginario coloniale della "venere nera" è tuttora molto attivo nella cultura italiana, nelle sue più frequenti incarnazioni postcoloniali: quelle della lavoratrice domestica e della lavoratrice del sesso. Tale immaginario a volte è presente anche nei testi di autori e autrici migranti e postcoloniali, che in certo modo hanno

---

[16] Sul madamato e sul concetto di sfruttamento sessuale come parte dello sfruttamento coloniale cfr. anche Campassi Gabriella, Il madamato in Africa Orientale. Relazioni tra italiani e indigene come forma di aggressione coloniale, in "Miscellanea di storia delle esplorazioni". XII, 1987, pp. 219-60.
[17] Intervista a Indro Montanelli, https://www.youtube.com/watch?v=iJBW4gFJ3n0, minuto 25:14.

interiorizzato queste rappresentazioni presenti nell'immaginario nazionale e che le ripropongono nei loro testi[18].

Nei racconti di Kaha Mohamed Aden sono rielaborati alcuni episodi della storia italiana in Africa filtrati dall'esperienza della sua famiglia. Le scrittrici che hanno un legame tra l'Italia e il Corno d'Africa sono preziose per portare avanti questo processo di rielaborazione, perché proprio attraverso la finzione letteraria si possono mettere in circolazione idee ed esperienze atte a correggere la visione distorta del colonialismo "buono"[19].

Se gli immigrati in Italia sono percentualmente divisi grosso modo a metà tra uomini e donne, le scrittrici migranti che scrivono in italiano sono circa una su quattro. Invece è interessante vedere come le scrittrici che vengono da paesi che erano ex colonie italiane siano una su due. Questo dato senza dubbio conferma la grande esigenza delle donne di testimoniare quello che hanno dovuto subire anche e non solo sul proprio corpo, e cioè la doppia colonizzazione come popolo e come donne. La questione di genere è a mio avviso fondamentale per comprendere la letteratura della migrazione postcoloniale italiana.

In generale, le scrittrici migranti sono portatrici di una duplice personale affermazione che passa attraverso la presa di parola nel paese di immigrazione. Secondo la storica e filosofa Rosi Braidotti, "poiché la donna spesso è oggetto passivo anche nel paese di origine, la migrazione viene vissuta anche come possibilità di emancipazione"[20].

L'altra importante affermazione avviene nel campo della scrittura: scrivere nella lingua del paese di accoglienza o del paese di colonizzazione significa appropriarsi di un linguaggio che dà la possibilità di diventare soggetti attivi e di ricostruirsi una nuova e più complessa identità. Per quanto riguarda le scrittrici postcoloniali italiane come Kaha Mohamed Aden, tale questione ha una

---

[18] Caterina Romeo, *Riscrivere la nazione, la letteratura italiana postcoloniale*, Le Monnier Università, Firenze 2018 , pag. 59
[19] Daniele Comberiati, Roma d'Abissinia. Cronache dai resti dell'Impero: Asmara, Mogadiscio, Addis Abeba, pag. 83.
[20] Rosi Braidotti, *Soggetto nomade*, Donzelli, 2005, pag. 47.

precisa valenza storico-politica. Come abbiamo già visto, la legge del madamato negava qualsiasi diritto alla donna locale, considerandola come esclusiva proprietà del colonizzatore. L'assoluta marginalità in cui hanno vissuto le donne delle ex colonie ha avuto ripercussioni anche sull'attuale generazione di scrittrici.

Un'affermazione dell'autrice italo etiope Gabriella Ghermandi può aiutarci nell'analisi del problema:

> Questa legge ha duramente penalizzato quella generazione di donne, ma anche la generazione successiva: per i maschi etiopi è stata ovviamente meno violenta, ma tutte le donne di quel periodo hanno avuto in seguito delle ripercussioni fortissime. Io dico sempre che il colonialismo nella mia famiglia ha creato danni a quattro generazioni di donne, e io sono quella che chiude.[21]

Si può affermare che per le scrittrici delle ex colonie la loro scrittura riafferma non solo la voce dei colonizzati sopraffatti militarmente dai soldati italiani, ma dà anche la parola alle donne che nelle colonie hanno subito le vessazioni a causa della legge del madamato. Viene inoltre ricomposto un passato che l'Italia sembra aver del tutto rimosso. Oltre alle violenze subite, infatti, i popoli colonizzati vivono un altro dramma nel vedere il loro passato revisionato o del tutto cancellato.

Migrazione e genere appartengono quindi allo stesso concetto di alterità che questa autrice porta avanti, anzi in qualche modo lo rafforzano rispetto ai colleghi maschi. Si pensi che nella lingua somala esiste un vocabolo che designa la poesia orale solo femminile, *buraanbur*, la nonna di Kaha era una poetessa e ha composto molti *buraanbur*. Le donne affidano di più alla parola la loro esperienza e la loro considerazione. Il racconto orale è molto importante per la tradizione somala, importante anche la possibilità di cambiare la storia: "cambiare i racconti è una possibilità pesante, a volte piacevolmente presente nelle tradizioni orali."[22]

---

[21] Intervista a Gabriella Ghermandi in: *La Quarta Sponda*, 2009, pag. 81.
[22] Kaha Mohamed Aden, op. cit., pag. 107.

A questo riguardo molto interessante è il racconto orale "La quarta via", trasposto in un docufilm nel 2012 a cura di Simone Brioni[23]. Kaha nasce a Mogadiscio nel 1966 e in questo interessante filmato ci racconta la sua città natale. La prospettiva del racconto orale parte dalla descrizione di Mogadiscio dopo la fine del colonialismo italiano. Questo elemento ha ovviamente ragioni biografiche: analizzare la città nel suo periodo post-coloniale permette all'autrice di giocare su più piani storici e narrativi, incrociandone le identità, le appartenenze e le storie della sua capitale.

Mogadiscio vive nei racconti di Kaha Mohamed Aden come in quelli di Igiaba Scego[24]. Nei loro testi la città devastata da tanti anni di guerra civile può essere solo immaginata, o meglio "disegnata", poiché di fatto oggi quella città di una volta non esiste più, se non nel ricordo dei protagonisti.

> Tu non ricordi niente di Mogadiscio... stavi sempre chiuso con i tuoi libri e la tua sapienza. Non vedevi il mondo. Io invece l'ho girata, Mogadiscio. Ero un birbante. Non a caso tutti mi chiamavano il barbaro. Facevo sega a scuola. Quelle strade sono state la mia aula. Quella città mi è entrata dentro. Me la ricordo meglio di te. Potrei disegnartela addirittura. Ecco, sì, io di Mogadiscio ti potrei fare un bel disegno, cugino, proprio ora.[25]

Il ruolo del ricordo ha anche ragioni di stretta attualità: da anni ormai Mogadiscio nel proprio territorio non ha più nessun giornalista straniero, dunque diventa realmente impossibile narrarne la situazione attuale. La memoria e il ricordo diventano quindi gli unici mezzi per rendere giustizia a questa città che un tempo è stata un fiorente porto sull'Oceano Indiano, centro del commercio dall'Asia all'Africa e crogiuolo di lingue, culture e religioni. Nel suo ricordo Kaha intreccia le storie dei clan da cui derivano le sue nonne.

E' una testimonianza molto interessante e importante perché questa forma espressiva detta racconto orale, è molto legata alla cultura somala. Si pensi ad esempio che la lingua somala è stata

---

[23] Brioni, Simone, *Somalitalia: Quattro vie per Mogadiscio*, Kimerafilm, Roma 2012.
[24] Igiaba Scego, *La mia casa è dove sono*, Rizzoli, 2010.
[25] Igiaba Scego, op. cit., pag 19.

solo orale fino agli anni '70; come lingua scritta è molto giovane, in quanto si è iniziato a scriverla solo nel 1972, quando si è deciso di usare l'alfabeto latino che era già molto noto, dato che l'italiano era stato per anni la lingua ufficiale. Il titolo *"La quarta via"* ci riporta alla denominazione la quarta sponda. La quarta sponda fa riferimento all'espressione con cui, nella propaganda coloniale italiana, venivano descritte le coste libiche, considerate di fatto un'estensione dei confini nazionali della Penisola. Dal significato ovviamente metaforico, la "quarta sponda" indicava la possibilità di un nuovo luogo in cui vivere che avrebbe dovuto appartenere all'Italia. Spesso si è voluto ampliare la portata geografica dell'espressione originaria, in modo da racchiudere tutti i possedimenti italiani in Africa.

Nel filmato Kaha cerca di esprimere i suoi ricordi e di analizzarli alla luce della sua esperienza italiana. Nella diaspora i migranti cercano di andare d'accordo con le culture tra le quali vivono senza abbandonare completamente la propria identità; portano con sé le tracce delle tradizioni, delle lingue e delle storie dalle quali sono stati plasmati, come esprime la celeberrima citazione dal romanzo Madre Piccola di Ubah Cristina Ali Farah: "La nostra casa la portiamo con noi, la nostra casa può viaggiare. Non sono le pareti rigide che fanno del luogo in cui viviamo una casa"[26]. Senza aver nessuna prospettiva di poter tornare in Somalia, neppure da turista, Kaha vive il cosmopolitismo tipico della cultura della diaspora che ha come base della propria identità il viaggio e il movimento[27].

Sia i racconti che il docufilm "traducono una poetica dello spazio transnazionale"[28], che permette quindi di superare il cerchio angusto della dinamica razzista, si tratta di uno spazio fatto di relazioni e interessi che travalicano le frontiere e collocano il migrante in un "campo sociale", costituito in questo caso dal rapporto tra la città in cui l'autrice migrante si è radicata (Pavia) e le città, o meglio la memoria della città, da cui proviene (Mogadiscio) uno spazio

---

[26] Ubah Cristina Ali Farah, *Madre piccola*, Frassinelli, 2007, pag. 137.
[27] Simone Brioni, op. cit., pag. 24.
[28] Franca Sinopoli, pag. 113.

virtuale certo, ma al contempo reale ed espressivo grazie alla verbalità orale e visiva della narrazione documentaristica, che si propone come opera di translazione della storia di Mogadiscio distrutta a Pavia. Infatti mentre Kaha parla della Mogadiscio fascista vediamo sullo sfondo gli edifici di architettura fascista di Pavia; mentre rievoca la Cattedrale di Mogadiscio abbiamo sullo sfondo la chiesa romanica di San Michele a Pavia.

Lo studioso Simone Brioni ha firmato non solo il documentario come adattamento da un racconto orale dell'autrice, ma anche la scelta dell'intersezione delle immagini delle due città, in un parallelismo continuo tra passato e presente, dove però il passato coloniale è presente non solo nella città somala ma anche in quella italiana. "In questo modo si evita di relegare Mogadiscio unicamente nel passato storico e al contempo di ridurre il presente della scrittrice esclusivamente alla sua seconda vita a Pavia"[29].

"Ad esempio rendendo e traslando il racconto orale somalo contestualizzando in uno scenario nuovo (quello italiano) e contraddicendo la posizione dominante che in occidente ha acquisito il testo scritto rispetto a quello orale"[30], l'autrice si esprime anche sul piano grafico, ricorrendo a un disegno delle quattro vie. Per lei la prima via è verde e rappresenta l'Islam; la seconda via è nera e rappresenta il periodo fascista; la terza via è rossa e rappresenta il periodo socialista; la quarta via è grigia e rappresenta l'attuale periodo, dove il grigio copre tutti gli altri colori e li annulla. La quinta via non esiste ancora, è la via della speranza, l'ipotetica via del futuro.

> Vorrei costruire un balcone sospeso in aria
> Proteso sull'Oceano Indiano
> Fatto di racconti, di favole
> La quinta via di Mogadiscio
> Da lì vedo la via della speranza.[31]

---

[29] Franca Sinopoli, op. cit. pag. 114.
[30] Franca Sinopoli, op. cit. pag. 115.
[31] Kaha Mohamed Aden, *La quarta via*, minuto 65:12.

E speranza è proprio la parola con cui si conclude sia l'ultimo racconto della raccolta che il percorso del racconto orale. Ed è anche la parola con la quale intendo chiudere questo intervento, con l'auspicio di poter aprire una finestra di speranza sul futuro.

INDICAZIONI BIBLIOGRAFICHE:

Aden, Kaha Mohamed. *Fra-Intendimenti*, Nottetempo 2010.

Aden, Kaha Mohamed e Simone Brioni. *La Quarta Via*, Kimera Film 2012.

Ali Farah, Cristina Ubah. *Madre Piccola,* Frassinelli 2007.

Barrera Giulia. "Madamato" in AA.VV., *Dizionario del fascismo*, vol. secondo LZ, Einaudi, Torino 2005.

Brioni, Simone, ed. *Somalitalia: Quattro vie per Mogadiscio*, Roma: Kimerafilm, 2012.

Brioni, Simone. *Doppia temporalità e doppia spazialità: il cronotopo dei Fra-intendimenti di Kaha Mohamed Aden*, in Maschere sulla lingua: Negoziazioni e performance identitarie di migranti nell'Europa contemporanea, ed. by Manuel Boschiero and Marika Piva. Bologna: Emil, 2016.

Braidotti, Rosi. *Soggetto nomade*, Roma, Donzelli 2005.

Campassi, Gabriella. "Il madamato in Africa Orientale. Relazioni tra italiani e indigene come forma di aggressione coloniale" in *Miscellanea di storia delle esplorazioni*. XII, 1987, pp. 219-60.

Comberiati, Daniele. *Roma d'Abissinia. Cronache dai resti dell'Impero: Asmara, Mogadiscio, Addis Abeba*, Nerosubianco, Cuneo 2010.

Fazel, Shirin Ramzanali. *Lontano da Mogadiscio*, Datanews: Roma 1994.

Flaiano, Ennio. *Tempo di uccidere,* Longanesi 1947.

La Quarta Sponda, a cura di Daniele Comberiati, Caravan Edizioni 2009.

Kleinhans, Martha e Richard Schwaderer (Hrsg.). *Transkulturelle italophone Literatur*, Koenigshausen & Neumann, Würzburg 2013.

Ragusa, Kym. *The Skin Between Us: A Memory of Race, Beauty and Belonging,* Norton, New York, 2006. In italiano Kym Ragusa, *La pelle che ci separa*, Nutrimenti, Roma, 2008.

Sinopoli, Franca. *Riferimenti identitari italiani alla luce della rilettura postcoloniale, in*: Letteratura italofona transculturale, Würzburg 2013.

Stefani, Giulietta. *Colonia per maschi. Italiani in Africa Orientale: una storia di genere*, Ombre Corte/Documenta, Verona 2007.

INCONTRI E SCONTRI CULINARI
come i maccheroni conquistarono l'Inghilterra del XIX secolo

Raffaella Sciarra

SCUOLA ITALIANA, MIDDLEBURY COLLEGE

1. Per noi internauti del terzo millennio, è sufficiente inserire sul motore di ricerca *Google* la locuzione *"mac 'n' cheese"* per avere in meno di un secondo circa 134.000.000 di risultati. Il termine "maccheroni", con le sue varianti anglofone (e internazionali) *maccaroni* o *macaroni*, è celebre in tutto il mondo ed è altresì sinonimo di italianità e cucina mediterranea, così come i prestiti lessicali "spaghetti" o il più generico "pasta". Tuttavia è sufficiente tornare indietro di pochi secoli per non trovare traccia di tali lemmi nella letteratura gastronomica, nei manuali di cucina e nei dizionari di lingua inglese. Come infatti attesta l'*Oxford English Dictionary* (OED) il termine *macaroni*, prestito diretto dall'italiano per indicare la pasta, è scarsamente presente nella lingua inglese fino alla metà del XVIII secolo[1], mentre entra, sempre nello stesso periodo, più comunemente con il significato di dandy o *fop*[2]. Anche Samuel Johnson, nel suo monumentale *A Dictionary of the English Language* del 1755, inserisce soltanto il termine *Macaróon*, non nella sua odierna accezione culinaria ma in senso peggiorativo, intendendo

---

[1] Un antesignano del termine — non registrato dall'OED — si può rinvenire già nel 1390 in *The Form of Cury* (*The Method of Cooking*), un ricettario compilato dal cuoco di Riccardo II, nella ricetta dei *Makerouns* (dunque con uno *spelling* molto differente) che appare anche come precursore della ricetta dei *macaroni and cheese*. Cfr. Terry Breverton, *The Tudor Kitchen: What the Tudors Ate & Drank* (Gloucestershire: Amberley Publishing, 2015) 178.

[2] "macaroni, n.", *OED Online*, Oxford University Press, March 2019, www.oed.com/view/Entry/111762. Ultimo accesso: 5 maggio 2019: "dandy or fop; *spec.* (in the second half of the 18th cent.) a member of a set of young men who had travelled in Europe and extravagantly imitated Continental tastes and fashions. Also in extended use. Now *hist*. [This use seems to be from the name of the Macaroni Club, a designation probably adopted to indicate the preference of the members for foreign cookery, macaroni being at that time little eaten in England. There appears to be no connection with the extended use of Italian *maccherone* in the senses 'blockhead, fool, mountebank' (compare MACAROON n. 3), referred to in 1711 by Addison *Spectator,* 24 Apr. 178/2: Those circumforaneous Wits whom every Nation calls by the name of that Dish of Meat which it loves best: in Italy, *Maccaronies.*]".

"A coarse, rude, low fellow; whence *macaronick* poetry, in which the language is purposely corrupted"[3].

Storicamente il primo contatto tra il mondo anglosassone e la pasta avvenne per motivi pratici, gli stessi che avevano spinto gli Arabi a trasportare questo alimento via mare fino alle coste della Sicilia per le sue qualità di indeteriorabilità e durevolezza[4]. Risale al 1607, infatti, uno dei primi riferimenti al termine *macaroni* nella lingua inglese, curiosamente non presente nella ricerca storico-etimologica dell'OED, in cui la prima occorrenza è fatta risalire al 1673. Si tratta del *pamphlet*, *Certaine Philosophical Preparations of Foode and Beverage for Sea-men, in their long voyages* di Hugh Plat (1552-1608), ricco mercante e studioso alla corte dei Tudor. In questo trattato l'autore sottolinea le virtù dei maccheroni come cibo per i marinai nei lunghi viaggi per mare, perché resistente al caldo e al freddo, di peso relativamente leggero ed elevato potenziale nutritivo, ottima alternativa anche al pane e alla carne salata, e dichiara di aver rifornito con tale eccellente alimento anche i viaggi di Francis Drake e John Hawkins[5].

2. È possibile tracciare una storia dell'evoluzione della cucina italiana (e in particolar modo della pasta) in Inghilterra, e al contempo della società e della terminologia inglese della gastronomia, attraverso l'analisi diacronica di alcuni dei *cookery books* vittoriani più popolari dell'epoca. Se una delle prime ricette di *vermicella pudding* risale al 1747 (Hannah Glasse, *The Art of Cookery*), è comunque dopo la metà del XVIII secolo che la pasta comincia ad

---

[3] "Macaróon. *n.s.* [*macarone*, Italian.]", https://johnsonsdictionaryonline.com/macaroon/. Ultimo accesso: 5 maggio 2019.
[4] Le origini della pasta si perdono nella notte dei tempi, ma è certo che non furono gli italiani i primi ad "inventare" questo alimento oggi così identificativo della nostra cucina. Contrariamente alla leggenda a lungo perpetrata secondo la quale fu Marco Polo a importare la pasta in Italia dal lontano Oriente, sembra che sin dal IX secolo gli Arabi, insieme all'uso delle spezie e della frutta secca, avessero introdotto in Sicilia (allora una colonia araba) anche la pasta secca. Essa era infatti facile da trasportare e poco deperibile, e ciò la rendeva ideale per i lunghi viaggi. Dai porti siciliani la pasta si diffuse poi nel resto d'Italia, passando per Napoli e Genova.
[5] Cfr. Breverton, *op. cit.*, 179-180. Lo stesso autore già nel 1595 aveva illustrato le virtù della pasta in *Sundrie new and Artificiall remedies against Famine*.

apparire regolarmente nei manuali di cucina inglesi, come testimoniato in *The Experienced English Housekeeper* (1769) di Elizabeth Raffald, la quale propone una prima versione di *Macaroni with Parmesan Cheese*. Lo stesso si può dire dei "vermicelli" (in inglese comunemente *vermicelli*, talvolta *vermicella*), che presentano una storia linguistica simile a quella dei maccheroni (l'OED rileva tale termine nello stesso periodo[6]) e di cui si riscontra uguale presenza nei vari ricettari. Va sottolineato, inoltre, che nella lingua inglese il termine *macaroni* all'epoca, e per molto tempo a venire, era utilizzato per designare qualsiasi tipo di pasta. L'iperonimo *pasta* divenne comune, infatti, solo nel ventesimo secolo.

In *A New System of Domestic Cookery: Formed Upon Principles of Economy; and Adapted to the Use of Private Families* (1806) di Maria Eliza Rundell (1745–1828), popolarissimo ricettario della prima metà del XIX secolo (ripubblicato in 67 edizioni fino al 1865), maccheroni e vermicelli sembrano già essere piatti noti, sebbene relegati all'ambito delle zuppe e delle paste in brodo, con l'aggiunta, nella *Revised Edition with Addition* del 1859, del *macaroni pudding*.

Anche in *Modern Domestic Cookery* (1819) di Elizabeth Hammond i maccheroni compaiono solamente in una ricetta, quella della *Macaroni soup*, in cui si consiglia di cuocerli finché non possano essere filtrati attraverso un colino ("continue it over the fire till done enough to squeeze the macaroni through a sieve"[7]). I vermicelli sono similmente confinati alla sezione delle zuppe.

In seguito, riscosse un notevole successo di pubblico *Modern Cookery for Private Families* di Eliza Acton (1799-1859), pubblicato nel 1845 e in una seconda edizione del 1855, poi ristampato in numerose edizioni fino al 1918. Il volume è corredato da un interessante glossario che registra l'entrata nella lingua inglese di nuovi termini culinari, per la quasi totalità francesi (*Vocabulary or Terms, Principally French, used in modern cookery*). La cucina britannica appare infatti dominata, anche linguisticamente, da quella

---

[6] "vermicelli, n." *OED Online* (Oxford University Press), March 2019, www.oed.com/view/Entry/222553. Ultimo accesso: 5 maggio 2019.
[7] Elizabeth Hammond, *Modern Domestic Cookery* (London: Dean & Munday, 1819) 66.

francese già a partire dalla metà del XVIII secolo, come si evince dal notevole numero di francesismi afferenti all'ambito gastronomico che in questo periodo entrano a far parte del vocabolario britannico. Ciononondimeno, una piccola nicchia è costituita da nuovi prestiti italiani: troviamo enumerati per la prima volta i termini *sparghetti* [sic], definiti come "Naples vermicelli", *lazanges* ("ribbon macaroni"), *Macaroncini* ("a small kind of macaroni") e persino *Zita* ("Naples macaroni")[8]. Come risulta evidente, tutti i tipi di pasta sono riconducibili al termine matrice *macaroni*, che può essere in effetti considerato un sinonimo del molto più recente *pasta*, iperonimo che diventa di uso comune nella lingua inglese solo dopo la II guerra mondiale (il termine generico comunemente usato nel XIX secolo era infatti *Italian paste*, derivato dal francese *pâte*). Tuttavia, occorre rimarcare che i nuovi termini registrati da Acton restano esclusi almeno per tutto il corso dell'Ottocento dal lessico comune. In particolare, il termine *spaghetti*, in modo simile a quello di *pasta* si diffonderà solo nella seconda metà del Novecento (ma anche in italiano tale lemma si registra solo nella prima metà dell'Ottocento, preceduto dal più antico *vermicelli*).

Per quanto riguarda le ricette proposte, il numero di quelle italiane è esiguo nella prima edizione ma aumenta notevolmente a partire dalla seconda e così a seguire nelle successive. All'inizio, gli unici formati di pasta citati sono vermicelli e maccheroni, sempre in zuppa di brodo o latte (classica la *Milk soup with vermicelli*, o la *macaroni soup*), costante di tutti i ricettari successivi. Nella seconda edizione si aggiunge il *pudding* (438): *vermicelli pudding with apples or without*, ma anche il *macaroni pudding*, usato per accompagnare composte di frutta, o lo *sweet pudding* con crema e cannella. Si diffonde, quindi, la voga inglese di utilizzare la pasta (maccheroni e vermicelli) come *dessert*, in forme sempre più elaborate[9].

---

[8] Eliza Acton, *Modern Cookery* (London: Longman, Brown, Greens and Longmans, 1855) ix-x.

[9] In realtà, per quanto oggi possa essere difficile da immaginare, sin dal 1200 esistevano in Italia ricette che prevedevano un uso dolce della pasta, con l'aggiunta di miele o zucchero, e cannella. Finché i maccheroni non assunsero il ruolo di alimento prioritario dei napoletani, cioè fino alla metà del 1600, essi erano infatti riservati alla cucina dei ricchi come piatti dolci. In questa versione fungevano anche da accompagnamento per selvaggina e carni varie. (Cfr. http://www.vesuvioweb.com/it/wp-content/uploads/Gianna-De-Filippis-e-

Tra le ricette più "esotiche" si trovano i *maccaroni à la reine* con formaggio e cayenna, besciamella e burro (Acton consiglia lo *Stilton*, preferibile al parmigiano) e i *Curried macaroni*, bolliti (solo 15 minuti, una rarità) e poi conditi con una specie di besciamella, succo di limone e curry. La spezia indiana è raccomandata in luogo della cipolla o dell'aglio, in quanto più gradevole al palato inglese: "This dish is, to our taste, far better without the strong flavouring of onion or garlic, usually given to curries; which can, however, be imparted to the gravy in the usual way, when it is liked" (300). I vermicelli vengono persino utilizzati sbriciolati come panatura alternativa per le crocchette di patate (*English potato balls, or croquettes*, 314). Compaiono altresì ricette di *risotto alla milanese* (614-15) e *stufato* alla *napoletana (a Neapolitan receipt)*, ossia stufato di manzo servito con contorno di maccheroni.

Nonostante l'esiguità delle ricette italiane, significativamente, nella seconda edizione di *Modern Cookery* ben quattro pagine sono dedicate interamente a illustrare provenienza e tipologia dei maccheroni, le loro caratteristiche, i tipi migliori da scegliere e persino il modo di cucinarli e condirli. Si argumenta, ad esempio, che "The Naples maccaroni, of which the pipes are large, and somewhat thin, should be selected for the table in preference to the Genoa" (390). Sono altresì enumerate diverse tipologie di maccheroni: *ribbon maccaroni, (or lazanges), macaroncini, celery-maccaroni, ring or cut macaroni, Naples vermicelli*. Per quanto riguarda il condimento della pasta, Acton si lancia in un'eloquente comparazione tra il costume inglese e quello italiano, evidenziando come i britannici preferiscano l'uso di burro e formaggio laddove gli italiani, tra i tanti modi di servire i maccheroni, impiegano anche del sugo di stufato ("rich brown gravy" [392]). L'autrice sconsiglia tuttavia il parmigiano "which is expensive, and in the country not always procurable" a favore di altri formaggi inglesi. Per di più, dopo attente e ripetute prove, giunge alla conclusione che il parmigiano "is always a chance of failure" perché tende a fare grumi: è dun-

Salvatore-Argenziano-I-napoletani-da-mangiafoglia-a-mangiamaccheroni-vesuvioweb.pdf).

que buona cosa sostituirlo almeno in parte con "any finely flavou-
red English cheese" (392). Infine, suggerisce un tocco di cayenna a
miglioramento della ricetta, sottolineandone comunque il carattere "innovativo".

Un intero paragrafo è dedicato alla bollitura dei maccheroni,
un punto focale sul quale, nell'esaminare i vari ricettari, sono
emerse notevoli discordanze. I tempi di cottura, infatti, variano da
un minimo di 15-20 minuti (raro) fino ad addirittura un'ora o più
— "as it is otherwise indigestible" (391), commenta Acton (siamo
molto lontani dal concetto di pasta *al dente*). L'autrice consiglia
almeno tre quarti d'ora di cottura, ma nelle ricette da lei stessa
proposte i tempi variano sensibilmente. La bollitura è eseguita in-
distintamente in acqua con aggiunta di burro o nel latte, come ri-
portano tutti i *cookery books*. Inoltre, tra i vari metodi di cottura
della pasta è proposto anche lo *steaming* in una particolare pentola
(senza acqua) come per "vegetables, fish, poultry, rice or pudding" (391).

Tuttavia, il vero best-seller tra i *cookbooks* del periodo vittoriano fu il *Book of Household Management* di Mrs. Isabella Beeton, (circa 60.000 copie alla prima edizione del 1861), un volume che non
ha mai smesso di essere ripubblicato, rinnovandosi continuamente
nelle decine di nuove edizioni che sono seguite alla prima edizione, nonostante la sua autrice fosse deceduta nel 1865 a neppure 29
anni. Per quanto riguarda le ricette italiane in esso presenti, nella
prima edizione del 1861 si ritrovano i consueti *macaroni cheese, macaroni* e *vermicelli soup, macaroni pudding* e *sweet dish of macaroni*, già
presenti in Acton (si parla infatti di plagio), e tra le tipologie di
pasta i *pipe macaroni* o *riband macaroni* a nastro (bolliti nel latte).
Nel 1891 fanno la loro comparsa l'inedito *pheasant alla Neapolitana*
che prevedeva un fagiano arrostito adagiato su letto di maccheroni-
ni, formaggio (*parmesan cheese*) e pomodori, e l'esotico *macaroni
and pine apple*. I tempi di cottura indicati sono sempre esagerata-
mente lunghi: da un'ora e mezza a un'ora e ¾, mentre scenderan-
no notevolmente — da 20 minuti a mezz'ora — solo verso la fine
del secolo.

A corredare le ricette non mancano curiosi commenti sugli italiani e sulla loro cucina: nel 1861, se i maccheroni sono "the favourite food of Italy, where, especially among the Neapolitans, it may be regarded as the staff of life" e a Napoli "you dash among the pots of a macaroni stall"[10] (i maccaronari), a proposito dei "moderni romani", ossia degli italiani, si afferma che "[...] The modern Romans are merged in the general name of Italians, who, *with the exception of macaroni, have no specially characteristic article of food*" (112: corsivi miei). La cucina italiana, insomma, agli occhi dei vittoriani non offre altra specialità che i maccheroni. Si riconoscono, nondimeno, le proprietà nutritive della pasta, di cui si auspica un utilizzo più massiccio in Inghilterra da parte di tutte le classi sociali, "[...] as it is both wholesome and nutritious, it ought to be much more used by all classes in England than it is" (72).

Nell'edizione del 1895, addirittura un intero capitolo è dedicato alla gastronomia italiana ("General observation on Italian cookery"). I maccheroni non sono più considerati, come nel 1861, l'unico piatto italiano di interesse; anzi, gli italiani sono definiti "very fastidious in their taste" [11], cioè cavillosi e difficili nei loro gusti culinari, capaci altresì di saper riconoscere e apprezzare un buon piatto. Sono descritti usi e costumi del mangiare all'italiana, dalla colazione alla cena (o pranzo) mettendo in evidenza, con particolare e nuova attenzione, il gusto italiano "truly artistic" nell'imbandire e apparecchiare la tavola. Gli italiani (si parla però solo della *middle class*), in più, amano conversare durante i pasti, laddove i britannici preferiscono consumarli silenziosamente.

Compaiono parecchi termini in italiano riferiti a piatti tipici: *minestrone* (or "large, thick soup"), *ricotta,* e in seguito *mortadella* ("the delicate, spiced, flat sausages, imported in slices in tin boxes to this country") che, come la salsiccia di Bologna, è già nota in Inghilterra ("The sausage of Bologna is well known to us"). Soprattutto, troviamo finalmente citati — nella loro unica occorrenza nel

---

[10] I. Beeton, *The Book of Household Management* (London: S. O. Beeton Publishing, 1861) 72.
[11] I. Beeton, *The Book of Household Management* (London: Ward, Lock and Bowden, 1895) 1297.

testo — gli spaghetti ("a smaller kind of macaroni") felicemente conditi, ma siamo già alla fine del secolo, con salsa di pomodoro e parmigiano. Questo formaggio tuttavia continua a non sembrare graditissimo al palato inglese ("To an English palate it is not indiscriminately pleasing. Most of us would possibly prefer its absence in many kinds of soup" [1298]), mentre lo è molto di più il gorgonzola, che viene citato successivamente: "[gorgonzola] has become quite a favourite amongst us, if we may judge by the quantity of it to be met with in our shops" (1298). Si noti come, nel descrivere le abitudini gastronomiche italiane, si riproponga la tradizione del consumare i maccheroni in versione dolce, questa volta insaporiti con la ricotta: "Macaroni is much eaten as a sweet. Simply boiled in water, and whilst smoking hot, a quantity of soft cream cheese — Ricotta — is poured over it, and melting upon the smoking mass, thoroughly permeates it, flavouring the macaroni most deliciously" (1298).

La presenza di un numero così elevato, rispetto al passato, di termini italiani e di riferimenti alla nostra gastronomia non deve però indurre a credere che tali *new entries* facessero parte dell'uso comune della lingua, come conferma l'autrice stessa, che testimonia dei numerosi ristoranti italiani a Londra e del loro sviluppo negli ultimi anni aggiungendo, tuttavia, che i libri di cucina non contengono ancora molte ricette italiane, né gli inglesi sono così propensi a chiamare i piatti italiani con i loro nomi originali, neanche quelli più noti.

Nell'edizione del 1907 (siamo ormai nel XX secolo) [12], infine, si contano oramai decine di ricette con i maccheroni, e tra le novità compaiono i *macaroni and bacon* (proposti per la colazione), *Chicken with macaroni, Fish and Macaroni, Italian macaroni pie* (con carne di manzo, montone e formaggio) e cospicue ricette di *Macaroni and tomatoes* proposte in più varianti (465). È presente persino una ricetta di maccheroni in versione sudafricana, la *Macaroni Pie, South African Recipe*. Infine, i tempi di cottura della pasta si riducono notevolmente rispetto al passato: i maccheroni vengono bolliti per

---

[12] I. Beeton, *Mrs. Beeton's Eveyday Cookery* (London, Ward, Lock &Co., 1907).

15-20 minuti o comunque più rapidamente ("put it into boiling salted water, and boil rapidly until tender" [495]).

3. Dedicarsi alla scrittura dei ricettari sembra non fosse solo appannaggio di cuochi ed esperti o sedicenti tali, ma anche di personaggi appassionati di cucina. Catherine Hogarth, ad esempio, moglie dell'eminente scrittore vittoriano Charles Dickens, sotto lo pseudonimo di Lady Maria Clutterback si dilettò nella scrittura di un personale libro di cucina, *What shall We Have for Dinner?* (1851). Il ricettario è costituito prevalentemente da una serie di *Bills of Fare* (164 menù), realmente proposti a casa Dickens, sia in famiglia che nei sostanziosi *dinner parties* ospitati dalla coppia, per un numero di commensali che varia da 2 a 20 persone. Anche in questa pubblicazione fanno capolino i consueti maccheroni, proposti tuttavia quasi sempre a fine pasto, insieme ai dolci o come ultima portata. Compaiono tra i piatti salati, ma solo in rare occasioni, unicamente i *macaroni, with bacon* e, successivamente, nell'edizione del 1854, vengono aggiunti l'elaborato *Timballe of macaroni, with chicken and ham*, e il più comune *Vermicelli and vegetable soup*, dei quali vengono proposte anche le ricette nell'Appendice *Useful Receipts*. In verità, la presenza di piatti italiani nel ricettario dickensiano appare modesta se consideriamo che i Dickens soggiornarono parecchi mesi in Italia tra il 1844 e il 1845, visitando le principali città italiane tra cui anche Genova e Napoli, patria dei maccheroni. In effetti, anche nel *travelogue* che ne seguì, *Pictures from Italy*, del 1846, i riferimenti alla cucina locale sono esigui, cosa che appare singolare per un osservatore degli usi e costumi italiani quale Dickens si dimostrò. Nell'impiego della pasta, Catherine rimane infatti fedele al costume anglosassone di servire i maccheroni a fine pasto in versione dolce, né compaiono versioni più autentiche di tale piatto, come sarebbe stato auspicabile dopo il lungo soggiorno in Italia.

I maccheroni dickensiani ottengono però un virtuale riscatto qualche anno dopo, nel 1858, in un articolo intitolato "Macaroni-Making" e pubblicato in *Household Words*, periodico edito dallo stesso Dickens. L'inviato Henry G. Wreford, in visita all'allora famoso pastificio Gambardella di Amalfi, si sofferma infatti accuratamente sia sulle tecniche di produzione dei maccheroni che sulle denominazioni — in italiano e in inglese — dei vari formati esistenti e, non ultimo, sui metodi di cottura e cucina della pasta[13]. L'autore mette in evidenza come in Inghilterra il metodo di prolungata cottura sia errato e riduca i maccheroni in poltiglia, per poi illustrare il giusto modo di cucinare la pasta e di condirla, almeno nella sua versione più semplice, con salsa di pomodoro, o salsa a base di carne e abbondante formaggio. L'articolo comprova anche che nel corso dei secoli poco è cambiato in Italia per quanto riguarda la preparazione di tale alimento, e che già nel 1858 era comune condire la pasta con salsa di pomodoro. Tuttavia, a giudicare dalle ricette pubblicate nei vari libri di cucina inglesi coevi, tali consigli non vengono affatto seguiti, ma al contrario continua a prevalere l'adattamento al gusto locale.

4. Nel corso del Settecento e dell'Ottocento, l'Italia diventò meta del viaggio di formazione noto come *Grand Tour*, che di fatto contribuì, seppur lentamente, a far conoscere all'estero non solo le bellezze paesaggistiche, culturali e artistiche e il clima favoloso per le quali il Bel Paese era già noto, ma anche le sue abitudini gastronomiche. L'arte culinaria italiana tuttavia non costituiva ancora un motivo di visita, non esistendo di fatto l'idea del tour gastronomico. È infatti soprattutto nei resoconti di viaggio di taluni viaggiatori ottocenteschi che — neanche troppo frequentemente — si parla delle usanze gastronomiche italiane.

Tra i tanti visitatori del Regno Unito che attraversarono l'Italia, lo scrittore e viaggiatore scozzese Charles Mac Farlane si soffermò in maniera particolare sull'arte dei maccheroni. Nel suo *Popular Customs, Sports and Recollections of the South of Italy* (1846), egli rievoca il viaggio nei territori del Regno di Napoli, da lui definito "maccaroni-eating kingdom"[14], avvenuto tra il 1816 e il 1827, de-

[13] Wreford, Henry G., "Macaroni-Making", *Household Words*, Volume 17, Issue 40 (01/1858).
[14] Charles Mac Farlane, *Popular Customs, Sports, and Recollections of the South of Italy* (London: Charles Knight & Co, 1846) 12.

dicando un intero capitolo ai "Maccaroni-eaters" (mangia maccheroni, come erano chiamati i napoletani) e ai maccheroni stessi,
"the principal food of the poorer, and the favourite dish of all
classes of Neapolitans" (9). Mac Farlane descrive con dovizia di
particolari il processo di manifattura e produzione dei maccheroni, per poi passare a enumerare le varie tipologie di pasta, fino a
perdersi nell'infinito numero di definizioni italiane e dialettali:

> To each of these the copious Neapolitan dialect has affixed a dis-
> tinctive name. The vocabulary is thus immense! After those we
> have mentioned, however, the greatest favourites are, Lassagna,
> Gnocchi, and Strangola-prevete, the last an odd designation, sig-
> nifying "strangle, or choke priest". (10-11)

Anche in questo resoconto si ritrova un'accurata descrizione del
processo di cottura della pasta e dei tempi di bollitura, che egli
quantifica con precisione in "about a quarter of an hour", finché
cioè i maccheroni non assumono un colorito verdastro, "gree-
nish": "Verdi-verdi! green! green! is the expression of the Neapolitan's delight, when his macaroni has been properly boiled to the
very second" (13), dandoci finalmente una testimonianza precisa
sugli usi napoletani. Come infatti l'autore puntualizza poco dopo,
l'aspetto e il sapore dei maccheroni partenopei non hanno nulla a
che vedere con l'indigeribile sostanza grassa e papposa che gli inglesi osano chiamare maccheroni: "maccaroni is incomparably su-
perior to that pappy, greasy, indigestible substance, a positive disgrace to the name it bears, which is sometimes intruded on our
English tables." (13). Segue inoltre una colorita descrizione della
pratica dei *lazzaroni* (straccioni napoletani) di mandare giù i maccheroni senza servirsi di alcuna posata, ma direttamente attingendo dal piatto con le mani − come ampiamente testimoniato dalle
foto e dalle illustrazioni dell'epoca − abitudine che il viaggiatore
non si sente di consigliare ai suoi connazionali: "I can scarcely re-

commend to the imitation of Englishmen the Neapolitans' mode of eating maccaroni."[15].

Il viaggiatore scozzese conferma inoltre il modo di servire napoletano, frequentemente senza condimento alcuno, o con salsa di carne e formaggio grattugiato, o solamente con burro e formaggio caciocavallo:

> The maccaroni thus sold in the streets and by the way-sides is merely boiled in plain water, and more frequently eaten without any condiment whatever; sometimes, however, it is sprinkled with some grated caccia cavallo (a coarse white cheese made of buffalo's milk), for which additional luxury a proportionate charge is made. The mere mention of "quattro maccheroni con o zughillo," or "some maccaroni with meat gravy," will make your lazzarone's mouth water, as that is a luxury which rarely comes within his means. (15)

A conclusione di questo breve viaggio gastro-linguistico si può dunque convenire che se oggi gli italiani stentano a riconoscere la ricetta britannica più antica e più nota dei maccheroni — il *mac and cheese* — come appartenente al proprio patrimonio gastronomico, evidentemente quella che sembra solo una "rilettura" anglosassone altro non è che un'evoluzione della ricetta più antica dei maccheroni napoletani, che in origine venivano conditi unicamente con abbondante parmigiano e pepe, quando il pomodoro non era altro che una pianta esotica e ornamentale, come confermato dai tanti viaggiatori che ne hanno lasciato testimonianza scritta. La conquista gastronomica del mercato anglosassone, iniziata nel diciannovesimo secolo, in realtà non si è mai conclusa e i macche-

---

[15] Se l'immagine del lazzarone che, con la testa buttata all'indietro, si fa scendere direttamente in bocca una manciata di vermicelli fece il giro d'Europa, tale usanza non era tuttavia relegata solo alla gente di strada. Sembra infatti che lo stesso re di Napoli Ferdinando I di Borbone, non a caso detto il Re Lazzarone, avesse questa poco regale abitudine, come raccontato da un ospite irlandese alla corte borbonica, che descriverà come il sovrano consumasse i maccheroni: "Li afferrava tra le dita, torcendoli e stiracchiandoli, e poi infilandoseli voracemente in bocca, disdegnando con la massima magnanimità l'uso di coltelli, forchette o cucchiai, o qualsiasi altro strumento eccettuati quelli che la natura gli ha gentilmente messo a disposizione.", Cfr. http://www.ricettedicultura.com/2018/02/ maccheroni-mangiamaccheroni-nasce-mito-della-pasta.html.

roni, e la pasta in generale, se per secoli hanno rappresentano il "mangiar povero" del nostro Paese, sono oggi un vessillo della cucina italiana nel mondo. Le ricette a base di pasta diffuse nel globo sono innumerevoli, alcune autentiche, altre molto meno, ma i maccheroni nel corso dei secoli hanno sedotto e conquistato, tra varie metamorfosi, la cultura anglosassone così come quella mondiale, fino a diventare quello che oggi possiamo definire un *global dish*.

THE BUSINESS OF MEDITERRANEAN MIGRATION
Frontex: Corruption? Xenophobia? Crime?
Who profits from the deaths of Medi-migrants?[1]

> Countries at the bottom need to adopt radical anti-corruption measures in favour[sic] of their people. Countries at the top of the index should make sure they don't export corrupt practices to underdeveloped countries.
> José Ugaz, Chair
> Transparency International[2]

Younasse Tarbouni, Ph.D.
WASHINGTON UNIVERSITY IN ST. LOUIS

It is a daunting task to sum up all the issues causing this state of mobility paralysis in the Mediterranean governance. The north African part is perhaps a major catalyst of all the bad socio-political policies be they local, regional or intercontinental. However, the predominant and constant demand of all the uprisings, past and present, point to *al-fassad-* corruption; diagnosed as the source of all social problems. It is also the major push factor towards forced migration, which is akin to suicide for the poor masses, moving from south to North, and an insurance policy for the elite. A look at one of the main gates to Europe, Morocco, will address the precarious socio-economic situation in this state; mainly composed of a poor unemployed class looking to migrate, and an elite/ public servant

---

[1]See, «*Xénophobie business, à quoi servent les contrôles migratoires ?*», *paru en octobre 2012, Claire Rodier, explique que Frontex*
[2]José Ugaz, Chair (Décembre 2014), Corruption Perceptions Index 2014. Transparency International. www.transparency.org. Berlin, Germany.
The organization defines corruption and suggests: "Corruption is a problem for all countries. A poor score is likely a sign of widespread bribery, lack of punishment for corruption and public institutions that don't respond to citizens' needs. Countries at the top of the indexalso need to act. Leading financial centres in the EU and US need to join with fast-growing economies to stop the corrupt from getting away with it. The G20 needs to prove its global leadership role and prevent money laundering and stop secret companies from masking corruption."

legally savvy class also looking to establish residency abroad. The article transitions to look at the Super EU agency, Frontex, whose sole mission is to hamper human mobility North of the Mediterranean. Under the guise of blocking illegal migration up north, Frontex' s outsources the monitoring of migration to its neighboring states south of the Mediterranean; namely Morocco. We look at the high cost of such policy, starting from dangerous pressure on already struggling States, like Morocco, to an increase in Budget for Frontex, and worst of all, the rise in deaths and human rights violations along the Medi-borders.

KEY WORDS:
MEDI-MIGRATION; CORRUPTION, FRONTEX, XENOPHOBIA

According to the Corruption Perceptions Index of 2014, Morocco is generally only ahead of countries that are in civil wars or under attack by superpowers of the Global North. Even though there is a sense of stability seen from outside, inside Morocco there is a deep sentiment of unrest emanating from a chronic corrupt administrative system and the border crossings are no exception (See Appendix I).

It is important to contextualize the ranking in the chart in Appendix I. In terms of grade, the Moroccan public would give a C minus to a state like Morocco and its neighboring countries.[3] it is worth mentioning that, there have been serious efforts and stern directions for improvements from King Mohammad VI, four years later, but the Corruption perceptions index of 2018 ranks Morocco 73/180 with a score of 43/100.[4] Based on accumulative global reading of these Data, the minimal growth of 4 points between 2014 and 2018, was erased in 2019 with a Score of 41/100. This still ranks Morocco below the 50% rate.

A local and regional reading of these numbers, however, is understandably interpreted as a praiseworthy success. An average

---

[3] Since 1999, king Mohammad VI has made it a focal point to invest all the political capital on the social sector and lead a serious effort to eradicate corruption from leading mechanisms in the Moroccan administration.
[4] https://www.transparency.org/cpi2018.

grade, even though it is about corruption, has been heralded by leading ministers in education and economy as a great progress. In the Moroccan context, this interpretation of data, no matter how skewed it is, has a positive impact on the general public. It is important to note that the origin of such stance goes back to an ingrained post-colonial period and the French instituted system that was based on a deflated grading system. So, a C grade/ 50% is a passing grade.

Since the early 1960s through the 2010s, the success base in secondary education and higher education has been set at 50% and above. This was a policy introduced by the French educational system and adopted for decades by the francophone countries. The socio-economic impact of a deflated grading system is reflective of the elitists policies that hampered the upward success rates and slowed if not negated any vertical mobility of the lower classes. A policy that has effectively kept a balance, or planned imbalance, in a society characterized by a massive poor lower class and an elite upper middle class that has been controlling the key areas in public service, policy making and decisions of any upward mobility.

The long-term effects of such policies go even further. The deflation of grading in education across the other sectors has ingrained an average score as a positive quantifier in the mind and psyche of the north African citizen in particular. One can look no further than the low success rate in the Baccalaureate between the 1960s through the early 2000 that became the norm. This colonially established system has dramatically hampered success on all levels, the worst of which is the resignation of the lower classes to an average governance and low expectations. It also weakened any aspiration of vertical movement.

However, in the second decade of the 21st century, there has been a shift in the educational system. The Privatization of education, just like other sectors, gave birth to an irrational rush to invest in the private sector and a bankruptcy of the public one. So we have seen a dramatic hike in the success rate in education due to an inflation of the grading system[5], giving space for a higher success rate than in the latter Quarter of the 20th century and the first decade of this Century.

This misleading success formula has been a double edge sword. While it has given instant satisfaction to struggling parents who pay staggering tuition fees for their kids' education since first grade, it has created a chain reaction of debt and anxiety on one hand, and a socially silly race amongst lower income and poor families to secure the monthly high tuitions by whatever means. The belief these days is that an investment in the private education of a child is the shorted guaranteed path toward employment.

This fleeting psychological satisfaction of success and promised future employment is countered by a hard reality of a very low economic growth. The scarcity of decent white color jobs combined with a deepening incompatibility of the job market and school curricula, has exacerbated the social paralysis in the employment sector.

With this reality, the epidemic of administrative corruption has reached an all-time high and has hit the young educated population in the making, very hard. This has created a vacuum of despair and anxiety about the future. More and more young educated graduates are forced to seek a future beyond their country's borders. Migration, both forced and voluntary, has become the only outlet for thousands of young men and women. But at what expense?

Back in 2002, Vermeren, a French historian and expert on migration, described the dire south-north migration scene in rather alarming numbers. He Writes:

> More than 100,000 Moroccans try to cross the Strait of Gibraltar each year to reach Europe, the new land of all promises. For thousands of them, this dream ends tragically. However, the tragedy of the thousands drowned in the strait does not deter more and

---

[5] The scope of this article doesn't allow for a detailed analysis of the impact of such shift on the teaching methods and learning, but this a field that is investigated by socio-linguists such as, Moha Ennaji (2005, 2008), Ahmed Boukous (1995); Youssi Ahmed (1995). For a recent article on this, see, Bziker (November 2017) Sociolinguistics: Social Class and Language Use in Morocco

more young Moroccans from trying their luck. Why are they leaving? First, there is the conviction that a country where social structures remain hopelessly archaic, even feudal, does not offer new generations real prospects for the future.[6]

More than a decade later, the situation is even worse. More unemployed, educated Moroccans see a future north of the Mediterranean than in their country. In a 2013 article, Mona Naciri reports the finding of a study on migration led by the ETF, the European Training Foundation, revealed that 42% of Moroccans plan to migrate north of the Mediterranean even though they are unequipped to do so.[7]

Safaa Kasraoui, sums up for us the results of a survey of 25,000 interviews in 11 Countries from 2018 and 2019 conducted by the BBC Arabic.[8] Striking in this survey, the Arab Barometer shows that more than 40 % of Moroccans still dream of migrating. The report indicates that 1 in 5 people consider migration because of the economy. We also learn that 64% of the Moroccans interviewed target Europe as destination, while 12% of would attempt to go to North America, and 5% want to emigrate to Gulf countries.

Despite the social hurdles demonstrated by the wave of anti-multiculturalism in the European countries and recently in the United States, more and more Moroccans still plan to leave the country.

Parallel to this wave, ever since 2011, more wealthy Moroccans, mostly public servants, are establishing residency in foreign countries by buying luxurious real estate; especially in Europe. As recently as 2014, Laetitia Carmeni reported on the real-estate attraction in Paris as follows:

---

[6] This my English translation of the French original version by Vermeren, Pierre. (2002, Juin). «Les Marocains rêvent d'Europe» http://www.mondediplomatique.fr/2002/06/ VERMEREN/8976. P., 1, 16, 17.
[7] Naciri,Mouna. (2013, Feb.27). Un Marocain sur deux souhaite quitter le Maroc http://ibergag.com/un-marocain-sur-deux-souhaite-quitter-le-maroc.
[8] For the full report see, https://www.moroccoworldnews.com/2019/06/276782/survey-moroccans-migration.

These inclinations are widely shared by foreign buyers of different nationalities, whose choices are mainly concentrated in the historic center of the capital and, more generally, in its first eight boroughs. According to the Notaries... The Moroccans in the 16th, and the Germans in the 18th... In the 16th, the strongholds remain the sectors between Trocadéro and Victor-Hugo, then between Étoile and Porte Dauphine, says Stéphane Atlan, director of Royalimmo, Paris 6th and 16th agencies. [9]

Various reports on different classes contemplating migration point to one major factor standing as social cancer: corruption. This brings out strong sentiments of insecurity both at the bottom and the top. Going back to a major link between the Arab uprisings of 2010, Corruption has been at the Core of every protest in the Arab World. And Morocco is no exception.

In the case of Morocco, corruption was addressed in specific articles in the new Constitution. This was one of the exploits of the movement of the February 20th at least on paper. In fact, the 2011 constitution made monitoring the assets of Civil servants a constitutional requirement. "Article 158 of the Constitution provides that "any elected or appointed person holding public office must, in accordance with statutory procedures, file a written declaration of the goods and assets which they possess, whether directly or indirectly, at the time of assumption of office, during and after their term of office in the public service"[10]

However, a close reading of the details of such requirements uncovers some seriously shocking gaps. For example; we learn from the Corruption international analysis of article 158, a kept Order by the Prime Minister of 2009 established a "model declaration" for all public officials to declare:

---

[9] This is my translation from French into English. For the Original text see: Carmeni, Laetitia. (2014, July 15). « Les quartiers prisés des étrangers : étrangers à paris où vivent-ils ? qui sont-ils ? » http://www.logic-immo.com/actus-immobilier/2014/07/11/les-quartiers-prises-des-etrangers-etrangers-a-paris-ou-vivent-ils-qui-sont-ils-54973.php

[10] Transparency International (May 17, 2016). On Asset Declaration in Morocco: Illicit Enrichment and Conflict of Interest of Public Official. See the full report of: https:// www.transparency.org/whatwedo/publication/asset_declarations_in_morocco_illicit_enrichment_and_conflicts_on_interest.

- All professional activities/or elective posts
- Real estate
- Liabilities
- Movables o Commercial assets
  - o Bank account deposits
  - o Bonds
  - o Subscriptions in companies
  - o Moveable assets obtained through inheritance
  - o Motorised vehicles
  - o Loans
  - o Artistic works and antiques
  - o Jewelry and jewels
  - o Other moveable valuables
- Shared assets, including those which the public official only "manages" on behalf of someone else
- Revenues received in any capacity whatsoever during the year preceding appointment or election.[11]

Looking at the impact of such order on the national level in Morocco, we find that "the minimum value for movables to be declared is 300,000 dirhams (≈US$36,000) for each of the 10 above mentioned categories of movables."[12] This makes the threshold for each category *shockingly* high compared to the national income. Taking into account that "The average monthly salary for a civil servant is 7,250 dirhams (≈US$860), per annum 87,000 dirhams (≈US$10,400). Thus, a civil servant could spend three times his/her annual gross salary on one single item such as stocks, without having to declare this. For all 10 categories of movables, a public official

[11] 15 Decree No. 2-09-207 of 8 December 2009 on the Establishment of the Model for the Mandatory Asset Declaration and the Deposit Receipt and on the Minimum Value of the Property to be declared, Official Bulletin No. 5814 of 18 February 2010, p.108. Retrieved from http://adala.justice.gov.ma/production/news/fr/FR5814_2-09-207_108_13.pdf   (French); Prime Ministerial Order No. 3-87-09 of 11 February 2010 establishing the Minimum Value of Personal Assets to be Declared by the Persons subject to the Asset Declaration, Official Bulletin No. 5814 of 18 February 2010, p.121. Retrieved from www.adrare.net/ XYIZNWSK/el-emnts/pdf2/comptabilite_publique_des_collectivites_locales.pdf.
[12] https://www.transparency.org/whatwedo/publication/asset_declarations_in_morocco_illicit_enrichment_and_conflicts_on_interest.

could even spend 30 times his/her annual gross salary (≈US$360,000) without having to declare.[13]

"Cash" is the major absent category that is not covered by the declaration. This is a big blanket that could be used by a public official to claim they had vast amount of money before they attained public office; an area that plagues the whole MENA economy, which is still vastly reliant on a shadowy cash business.[14]

With the combination of high levels of unemployment, poverty, and a corrupt public service sector, migration, regardless of the clear dangers, continues to be seen as the solution for the lower Moroccan classes. In parallel to that, the rise in frequency of street protests and riots, as clear indications of the fragility and the decline of socio-economic stability, have been leading the political and economic elite to join a new wave of what Emmanuelle Lallement (Lallement et.al., 2013) calls une *élite mondialisée*[15]- a globalized elite-trying to live in both worlds.

This elite, taking advantage of the rules and the flaws in the law, are moving their assets freely and often times illegally; establishing an alternative insurance residence abroad."[16]. In the meantime, Moroccans residing abroad, MRE, find it hard to move their hard-earned money freely from Morocco to their countries of residence[17]. This is related to the shady banking system in morocco, which is an endless concern that the Moroccan diaspora has been fighting for decades.

---

[13] Ibid.

[14] M. R. Farzanegan/ A. M. Badreldin, Shadow Economy and Political Stability: A Blessing or a Curse? Study Paper, p.5 (Marburg: November 2013). Cited in Transparency international see link: https://www.transparency.org/whatwedo/publication/asset_declarations_in_morocco_illicit_enrichment_and_conflicts_on_interest.

[15] Sophie Chevalier, Emmanuelle Lallement, Sophie Corbillé, (2013) Paris résidence secondaire. Enquête chez ces habitants d'un nouveau genre, Paris, Belin, coll. «Anthropolis»
Also see http://www.logic-immo.com/actus-immobilier/2014/07/11/les-quartiers-prises-des-etrangers-etrangers-a-paris-ou-vivent-ils-qui-sont-ils-54973.php.

[16] Ibid.
Also see http://www.logic-immo.com/actus-immobilier/2014/07/11/les-quartiers-prises-des-etrangers-etrangers-a-paris-ou-vivent-ils-qui-sont-ils-54973.php.

[17] See my article on "The Moroccan Diaspora And Political Representation between Myth and Reality" in A. C. Vitii and A. J. Tamburri, eds. *The Representation of The Mediterranean World By insiders and Outsiders* (New York: Bordighera Press, 2018).

Therefore, despite the frequent reports of progress in Moroccan economy, the statistics from 2013 and 2019 migration attempts have only increased. In her 2013 article, Ristel Tchounand, points to the mass Moroccan migration and rhetorically asks if the Moroccan government is at all concerned by the rise of the numbers of Moroccan youths looking to migrate[18].

From an investment stand point, the Moroccan ministry of higher education is investing in its youth and finds the solution of their unemployment in their migration North of the Mediterranean. The concern here is the consistent limited long term vision that fails to study and provide a market for its graduates. In other words, this is an educational investment that instead of yielding returns locally, nationally, for lack of a market for these graduates, is forced or elects to openly exports these educated minds north of the border!

In terms of educated migrants, the Moroccan government spokesperson, Mustapha El Khalfi, reported that: "the unemployment rate of students with higher education degrees has doubled from 2013 to 2018. And the number of degree holders increased from 43,000 in the last five years to 120,000 this year [2018]" [19] The majority of these Degree holders, refuse to accept menial daily jobs and are forced to migrate north, illegally; a decision that comes at a high cost and adds to the mixed pool of migrants north of the Mediterranean who fall prey in the hands of traffickers. This has been a deadly booming lucrative business along the shores of the Mediterranean[20].

THE BUSINESS OF MEDI-MIGRATION

This Human trafficking is a business that profits parties from both sides of the Mediterranean. On the one hand it gives more ammunition to the EU Border patrol agency, Frontex, to ask for more

---

[18] Tchounand, Ristel. (2013, Feb.28). «42 % des Marocains envisagent d'émigrer» http://ya-biladi.com/articles/details/15736/marocains-envisagent-d-emigrer.html.

[19] https://www.moroccoworldnews.com/2018/08/251549/universities-produce-graduates - jobs.

[20] For more on Migration and Traffickers of migrants , Mahdi Lahlou (Nov. 2018) offers a pertinent report that could be find here: https://www.iai.it/sites/default/files/menara_wp_26.pdf.

budget increases; on the other hand, it makes the case for the Moroccan and the Spanish Authorities to ask for more funding to secure their borders and combat the traffickers.

Spain and Morocco's rivalry; especially in fisheries, at least for now, waned when it comes to illegal migration. In fact, their relationship has strengthened and Spain has become an advocate of Morocco. In November 2018, the European Council on Foreign Relations reported that:

> Following Spanish advocacy on behalf of Morocco, the EU approved €140m in support to the country for border control. After the October Foreign Affairs Council Federica Mogherini declared that the EU would increase its work with Morocco and Mauritania on the issue. The EU had already faced a cooling in the relationship with Morocco following European Court of Justice rulings against the applicability of the fisheries and agriculture agreements to the Western Sahara. The EU had previously supported Morocco's National Strategy on Immigration and Asylum, which led to the regularisation [sic] of close to 50,000 sub-Saharan African migrants in Morocco, and officials hope to again engage in a more fruitful discussion with Morocco on migration and asylum issues[21]

In terms of regional politics, Morocco is trying to establish its leadership as a major player in Border security to gain more political capital and support from the EU; especially when it comes to Morocco's sovereignty over the southern territories. When adding the local weak economic growth and the absence of development in the deprived rural regions combined with the sustained pattern of protest and political activism against administrative corruption that heightened since 2011, the pressure on the Moroccan government is even greater. To gain leverage and more support, it makes sense for Morocco to stand as the "good cop" when it comes to illegal migration.

This explains why Morocco has positioned itself, in a paradoxical and unexplained repeated endeavor, as a leader in solving

---

[21] See the Full report here: https://www.ecfr.eu/article/commentary_morocco_the _eu_and_the_migration_dilemma.

southern, sub-Saharan- illegal migration towards Europe. Morocco, an historically transit site is increasingly becoming a destination country, for thousands of refugees both short and long term. On the one hand, there are treaties and negotiations with the EU to stop sub-Saharan and Moroccan migrants, on the other hand, there are treaties with the UN through its NGOs with the same goal.

According to the recent 2020 statistics on the UNHCR site, "55% refugees from Syrian Arab Republic (Syria), reside in more than 50 locations across the country [Morocco], In line with the Global Compact for Refugees, UNHCR has been expanding partnerships with the private sector to support refugees in Morocco and will continue to do so in 2020.[22]

Between these contractual obligations and providing social services to Moroccan citizens, the commitment to negotiate responsibilities of hosting refugees doesn't come without further challenges. We learn from the latest report of UNHCR that: "The National Immigration and Asylum Policy (PNIA), introduced in Morocco in 2013, enables refugees to enjoy protection in Morocco, including against refoulement and access to essential services, such as education, health care and employment...UNHCR is advocating with the Government to give full access to these services for refugees and will continue to do so in 2020. [23]

Accordingly, in a report by Ivan Martin, the Moroccan Minister of Interior declared on February 9, 2015, that "close to 17,918 one-year residence permits were granted from 27,330 applications registered almost half of them to Senegalese and Syrians, followed by Nigerians and Ivoirians."[24]

This announcement shouldn't have been a surprise. It was already in the king's September 2013 speech when he instructed his government "to elaborate a new global policy in relations to migration-and asylum-related questions, implementing a humanitarian

---

[22] See full report here: http://reporting.unhcr.org/morocco.
[23] Ibid.
[24] Iván, Martín.(2015, Feb.25). Ten years afterwards, is Morocco an immigration trailblazer again? Africa, Commentaries,EU Neighbourhood.

approach in conformity with the international commitments engagements of Morocco and respecting the rights of immigrants."[25]

The speech was a reaction to the NCHR's[26] report "Foreigners and Human Rights in Morocco: For a Radically New Asylum and Immigration Policy" and the signature of the EU-Morocco Mobility Partnership in June 2013.[27] But, the Moroccan citizenry, especially the unemployed masses, was not paying attention; or was not educated enough on the subject; or refused to pay attention!

The16-page report prepared by the CNDH, la *Délégation interministérielle aux droits de l'Homme*, addressed rights -for refugees and illegal migrants- rights of which the Moroccan citizenry felt more deserving, but which were not extended to them. The frustrations of both the independent press and the unemployed were manifested in misplaced protests and unfortunate racist and xenophobic actions towards the foreign migrants.[28]

The state of chaos comes from a lack of transparency about the legal rights of each party. What is not explained to the Moroccan citizenry is that these foreign migrants are legally protected refugees and subsidized under acts signed by the Moroccan authorities. This disconnect has led to major name calling and xenophobic attitudes by frustrated unemployed Moroccans. On their part, the Refugees, understand their rights and fight back as they should.

The picture in Appendix II is representative of many violent events that took place across the country in 2017. In her article for Morocco World News, Saloua Chbbab, reports the violent clashes in the bus station of *Ouled Ziane*, Casablanca, that escalated causing a fire in the park where some sub-Saharan refugees were sheltered.[29]

---

[25] Iván, M. (2015, Feb.25). Ten years afterwards, is Morocco an immigration trailblazer again? Africa, Commentaries,EU Neighbourhood.
[26] National Commission for Human Rights
[27] Iván, M. (2015, Feb.25). Ten years afterwards, is Morocco an immigration trailblazer again? Africa, Commentaries, EU Neighbourhood Africa, Commentaries,EU Neighbourhood.
[28] See full report here CNDH. (Septembre 201 3) « Étrangers Et droits de l'Homme au Maroc pour une politique d'asile et d'immigration radicalement nouvelle » Résumé exécutif. Rabat, Maroc http://cndh.ma/sites/default/files/etrangers_et_droits_de_lhomme.pdf.
[29] Saloua Chbbab, Nov.24, 2017, https://www.moroccoworldnews.com/2017/11/234756/clashes-casablanca-sub-saharan-migrants.

The daily reality of refugees in Mediterranean host countries, like Morocco and Spain is a chaotic one to say the least. The EU, via its *Frontex* and the UN via its *UNHCR*, put undue pressure on border countries, which are already facing serious domestic and economic pressures. Whether in Morocco, Jordan, Tunisia, Spain or Italy... The lack of supervision and of clear corruption-free pathways to allocating the money meant to subsidize and guarantee the well-being of refugees is at the source of clashes between locals and refugees. The rise of extreme right-wing groups and racial and ethnic tensions are but one face of the coin in this EU-UN project.

The other face of this reality is the sum of the violations along the border. When faced with the choices of controlling the border for the EU, Morocco and Spain have already demonstrated that security will come at a cost: human rights violations.[30] Judith Sunderland, associate Director of human rights watch Europe and Central Asia, captured the situation in her Title "outsourcing Border Control to Morocco a Recipe for Abuse" [31].

A state like Morocco, should be responsible for transgressions along the border, but the burden, the majority of it, falls under the EU and the UN. The mere transference of refugee project as wishful resolutions to an already struggling Southern state does not constitute solutions, but rather exacerbates the problem. The effects of such policies leave *Morocco* languishing in 123rd place on the human development index; More upheaval could have knock-on effects in terms of much higher rates of migration from Morocco itself.[32]

It is a baffling for the EU, through its Frontex, to resort to the outsourcing of Border security of already struggling economies like Morocco and Spain. While Spain is under the wings of the EU, Morocco faces an uphill battle with neighboring Algeria; a constant wave of sub-Saharan refugees determined to cross the Mediterranean; a resilient Syrian refugee population fighting back for decent

---

[30] See the conclusion of the report The European Council on Foreign Relations, here: https://www.ecfr.eu/article/commentary_morocco_the_eu_and_the_migration_dilemma
[31] Judtih Sunderland, August 2017, https://www.hrw.org/news/2017/08/28/outsourcing-border-control-morocco-recipe-abuse.
[32] https://www.ecfr.eu/article/commentary_morocco_the_eu_and_the_migration_dilemma.

treatment; a young educated Moroccan youth majority aspiring to a better future encouraged by an inspiring king; yet disheartened by a deep state that is corrupt to its core.

Regardless of the concentrated efforts of king Mohammad VI, all the aforementioned groups, Moroccans and refugees on Moroccan soil have no trust in a Moroccan management of their lives in socially dignified ways. All, including those who were offered residency in Morocco, still consider migration North as the only viable option.

The sad reality is that Morocco has become a trap for sub-Saharan and Maghrebi migrants. Even worse, the police and border patrol violent acts are rising along the borders of the Mediterranean. Many point the fingers at the Spanish and the Moroccan Sides, when in Fact, the responsibility should lay first on the infamous Frontex agency [33]

FRONTEX THE SUPER EUROPEAN AGENCY:

According to its own website, Frontex traces the origin of its inception in a "deep history in the European project. Fostering free movement of people has been an important objective of European integration. In 1957, free movement of goods, persons, services and capital were identified as foundations of the Community in the Treaty of Rome."[34]

Frontex was established by the Council Regulation (EC) 2007/ 2004 of 26 October 2004 and started its operations in *2005*. In September of 2016, the EU established Frontex as the European Border and Coast Guard Agency, according to Frontex's official website. Following a series of wars and invasions of the Global south, the free movements of goods was still a focus, but not the same was applicable to the movement of persons; especially from the Global South.

In her book, *Xénophobie business. À quoi servent les contrôles migratoires?*, Claire Rodier, exposes the contradictory functions and

---

[33] See details on the involvement of the Agency in human rights violations in Greece: https://www.hrw.org/fr/news/2011/09/21/ue-lagence-chargee-des-frontieres-expose-les-migrants-des-conditions-abusives.

[34] The Official website of Frontex: https://frontex.europa.eu/about-frontex/origin-tasks.

practices of this agency in managing what she calls the « business of migration »[35]. In a report for yabiladi.com, Ghita Ismaili points to some alarming details on the budget of Frontex as analyzed by Claire Rodier (2012). Ghita notes:

> We are dealing with fuzzy numbers, because in addition to the opacity that still surrounds this agency today, 9 years after its creation, this European agency's budget is colossal. In her book, "Xenophobia business, what is the use of migration controls?", published in October 2012, Claire Rodier explains that Frontex has seen its budget increase from 6 million euros in 2005, to 86 million euros in 2011, or 14.3 times more in 6 years. Funded by the Member States, it aims to combat irregular immigration and send back those who have entered by air... In 2008, it spent 24,128,619 euros to prevent 53,000 people from entering, or 455 euros per person... The number of people intercepted represents 2.65% of the total number of persons who have entered the EU legally.[36]

The report sheds some light on the claims by Frontex that its Minerva operation, meant to protect the South-East of Spain, has lowered the numbers of migrants from Morocco and Algeria by 23%.[37] The forgotten statistics are the crime rate and the killings along the borders, the responsibility of which no one claims. Claire Rodier asks a relevant question here : « A qui profite le crime ? » Who profits from this crime?

This scene becomes more disturbing when we factor the crime among migrants both along the border crossings and inside the transit big cities. We learn from a report by the Washington post states that "in 2016, the final number believed to have died in the Mediterranean surpassed 5,000, which the U.N. refugee agency

---

[35] See a full review of the book here: Lama Kabbanji, « Claire Rodier, *Xénophobie business. À quoi servent les contrôles migratoires ?* », *Lectures* [Online], Reviews, 2013, Online since 28 January 2013, connection on 09 October 2017. URL: http://lectures.revues.org/10486.

[36] See the full article here: http://www.yabiladi.com/articles/details/16198/frontexit-lobbying-contre-l-agence-europeenne.html.

[37] Ibid. Also, see http://www.migreurop.org/article2399.html?lang=fr.

said was the "worst annual death toll ever seen."[38] The tight security and violence used by Spanish and Moroccan authorities, as reported by Human Rights Watch[39], only trickles down to Sub-Saharan migrants fighting back and forming mini-gangs within the big cities. This has turned the country into a constant turbulence zone as documented by the number of weekly protests.[40]

This is not typical of only Morocco as a perilous and dangerous border crossing. In an article published in the Conversation, based on her field research between May 2017 and January 2018, Karolina Augustova, shares with us the atrocities of the Serbian border crossing to the EU by forced migrants; mostly by males from Pakistan and Afghanistan. She describes their harsh conditions living in old abandoned buildings waiting for their luck to be accepted as asylum seekers. Besides their multiple attempts at crossing the Serbian borders to get to the EU; Augustova points to a forgotten reality of the dirty business and the money extorted from these migrants. She notes:

> The chances of making a legal border crossing from Serbia to the EU countries of Hungary or Croatia are getting slimmer. The legal border crossing points into Hungary currently accept only two to six people per working day. The "lucky" ones are mainly families with children, who often pay the Serbian state authorities €3,000 per family to appear on top of highly corrupted "waiting lists" which stipulate who gets access and whose asylum claim will be assessed. This makes single men the most disadvantaged and vulnerable group in such transit camps, and they often have to rely on their own support networks, deemed illegal by Serbian authorities.[41]

---

[38] See the full article here: https://www.washingtonpost.com/news/worldviews/wp/2017/04/25/over-1000-migrants-and-refugees-have-died-crossing-the-mediterranean-so-far-this-year/?utm_term=.fe74c92c4355.

[39] See Human Rights Report of (February 10, 2014). Morocco" Abuse of Sub-Saharan migrants. Ill treatment Persists in Moroccan. Spanish Border Operations Despite Rabat's Reforms: https://www.hrw.org/news/2014/02/10/morocco-abuse-sub-saharan-migrants.

[40] Saloua Chbbab, Nov.24, 2017, https://www.moroccoworldnews.com/2017/11/234756/clashes-casablanca-sub-saharan-migrants.

[41] Karolina Augustova. May 15, 2018. "In squats by the Serbian border, young men trying to enter the EU live in dangerous limbo." theconversation.com.

This is only a sample of many incidents of which the general public is unaware, but it is a reality that Frontex certainly knows. In fact, since its [Frontex] inception, there has been a rise in the number of deaths, a high number of detections and lower numbers of migrants. This is because Frontex has skewed statistics to justify its efficacy and its existential need. It has then seen its budget jump even higher than the numbers Claire Rodier documented in her book. According to the recent Statistics released in December 2019 report by the RSA and PRO ASYL that has closely followed the evolution of Frontex, the current budget of Frontex skyrocketed from 89.58 Million Euros in 2012 to 331 million Euros in 2020 and it is projected to reach 1,871 Million Euros in 2025.[42]

In a thorough report by Fransen and Hasse (2019), we are reminded that the data of detections of forced migrants need to be interpreted with caution[43]. The statistics registered by Frontex on their websites reflect an increase in the number of detections and a decrease in the number of refugees. The point is to establish a correlation between the two which should make the case of a sound and efficient vision by the agency.

One should tread with caution here. For an illegal migrant to attain asylum, the same person might attempt multiple failed crossings; attempts that are often times registered as such [multiple] by different / multiple persons! We note here, that to maximize their chances to cross, migrants would not only attempt multiple times, but they would do so under different names and from different locations. When and if lucky and they get access; that access is registered as a single entry. Thus, inflating the number of detections and decreasing the number of access validating the existence of an Agency like Frontex and its subcontractors.

---

[42] See the full progression in a chart and the report here: https://rsaegean.org/wp-content/uploads/2019/12/20191201-rsa-proasyl-frontex-2.pdf.
[43] See especially the conclusion of the report in:
Fransen, F., and De Hasse. (Dec.3, 2019). "The volume and Geography of Forced Migration." International Migration Institute. Working Paper Series 2019, No.156. Find the link here: https://www.migrationinstitute.org/publications/the-volume-and-geography-of-forced-migration.

The map in Appendix III, taken from the Frontex official site, omits or lacks the number of crossing attempts by the same person; thus making the case of a successful detection a high number, which when compared to crossing (single) attempts proves curbing of number of migrants.

CONCLUSION:

Parallel to the Frontex inflated data of detections along the border[44], there is a young active majority in the south of the Mediterranean that is determined to move north. Most of Morocco's population is under the age of 24. Their aspirations are hampered by a corrupt educational system befitting the few, and corrupt border agencies limiting their movement. they find themselves forced to migrate despite the slim chances of success and in many cases certain death. Adding to the equation, the movement of the sub-Saharan population and middle Eastern groups, a country like morocco finds itself squeezed from many angles.

We referenced corruption as a cancer in the Mediterranean borders, when in fact it is all across MENA region. The Corruption Perceptions Index since 2014 shows that the situation in MENA region is even worse. Hattar (2017) poignantly notes that "despite the political changes that shook the Arab region six years ago, the hope for Arab countries to fight corruption and end impunity has not seen any progress yet. On the contrary, the majority of Arab countries have failed to fulfill the will of the people to build democratic systems allowing for greater transparency and accountability.[45]

Going back to king Mohammad VI' speech of 2013 establishing Morocco's leadership and good will to introduce and implement a migration strategy, the reality is that the migrants themselves do not view Morocco as a long term option. Those who are detected south of Spain only return to Morocco as a temporary resort before

---

[44] Ibid.
[45] Kinda, Hattar. (2017, January 25)." Middle East and North Africa: A very drastic decline "Transparency International. https://www.transparency.org/news/feature/mena_a_very_drastic_decline.

they try again. The journey of these migrants, however, is both vertically and horizontally perilous. Serious violations of human rights are committed by many; mainly by human traffickers, sovereign border patrols, Frontex sub-contractors. It is no secret that these parties work together.

One should add the ongoing struggles of the Moroccan government itself. A still rising fragile economy that is hampered by a deep corrupt state smuggling hard currency and establishing residency abroad. A bankrupt educational system producing graduates with a saturated local job market. An un-cooperating neighbor in Algeria; and a EU fueling the political issues between the neighbors.

The keen observer is left to wonder if Morocco can withstand the pressure imposed on it by the EU and the UN alike. Human trafficking networks, alone, have proven in Libya their ability to weaken the rule of law and reduce that state's reality into chaotic one.

Between the restrictions on freedom of mobility north of the Mediterranean and a struggling economy laboring to cater to a vibrant unemployed educate youth, the corruption in the administration system as well as that of Patrol agencies like Frontex, the future of the MENA region is only going to get worse. Controlling the movement of a pressured educated unemployed freedom seeking youth runs counter to the series of waged wars, and morally and socially corrupt policies in the Southern States. Frontex should get behind, as in support of, this wave of forced migrants rather than stand in front of it!

APPENDIX I

(Source: Table adapted from the 2014 Corruption Perceptions Index)[46]

SCORE									
Highly corrupt								**Very clean**	
0-9	10-19	20-29	30-39	40-49	50-59	60-69	70-79	80-89	90-100
1 Denmark 92									
2 New Zealand 91									
3 Finland 89									
55 Jordan 49									
55 Saudi Arabia 49									
64 Oman 45									
64 Turkey 45									
67 Kuwait 44									
79 Tunisia 40									
80 Morocco 39									
94 Egypt 37									
100 Algeria 36									
124 Mauritania 30									
159 Syria 20									
161 Yemen 19									
166 Eritrea 18									
166 Libya 18									
170 Iraq 16									
171 South Sudan 15									
172 Afghanistan 12									
173 Sudan 11									
174 Korea (North) 8									
174 Somalia 8									

---

[46] www.transparency.org (Déc. 2014) Corruption Perceptions Index 2014. Transparency International. Berlin, Germany

APPENDIX II

Picture, by Morocco World News, site

APPENDIX III

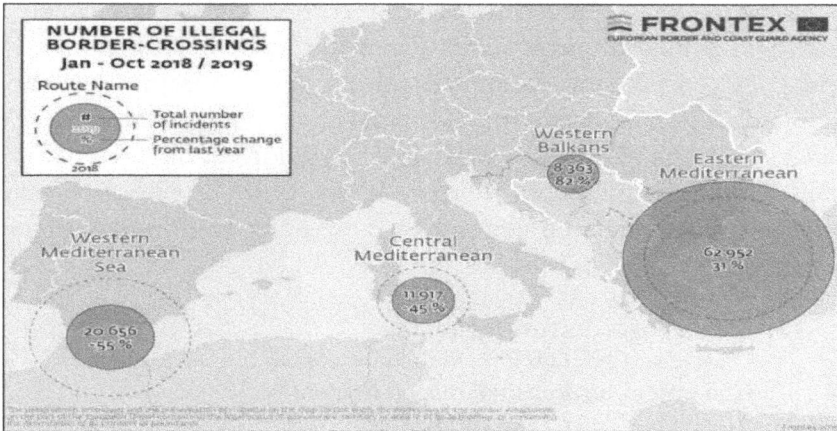

PARTENZE E RITORNI
il dolore del Mediterraneo

Maria Rosaria Vitti-Alexander
NAZARETH COLLEGE

Il nostro Mediterraneo è un mare che nei secoli ha visto milioni di persone costrette a partire, e tante altre che hanno cercato di tornare al paese lasciato. Mentre è facile capire il dolore che si prova alla partenza, più difficile da cogliere è l'angoscia e la paura che attanagliano l'animo ad un rientro dopo anni di assenza. Eppure l'andare e il tornare sono le due facce del dolore del Mediterraneo. In questo mio intervento vorrei esplorare il tema della partenza e quello del ritorno in alcuni autori e registi italiani. Il tema del dolore che accompagna sia al momento del distaco dal luogo natio che al dolore che si vive al momento del ritorno al paese d'origine si è fatto per me titolo: Partenze e ritorni: il dolore del Mediterraneo.

"Qualcuno piangeva. Pure nella miseria che lo costringeva, gli rimordeva la perdita"[1] cosi, con queste parole semplici ma indimenticabili don Gaetano, uno dei personaggi de *Il giorno prima della felicità* descrive al suo giovane amico il dolore della partenza dei tanti emigranti che lui era solito vedere al porto di Napoli. È il dolore della partenza a far cantare strofe che racchiudono la rabbia e la paura del distaco:

> Me ne vogl'i lontano tanto tanto
> Che nun m'ha da truva' manco lo viento
> Che nun m'ha da truva' manco lo viento
> Manco lo sole che cammina tanto.[2]

Si va via, ci si allontana dal luogo di nascita per tanti motivi, ma sempre accompagnati dal dolore, e il Sud ha una storia sfortunatamente lunga di emigrazione. Un Sud tanto amato e quanto odiato

---

[1] Erri De Luca, *Il giorno prima della felicità* (Milano: Feltrinelli, 2009) 72.
[2] Erri De Luca, Op. cit., 71.

perché per secoli incapace di dare ai suoi propri figli il necessario per farli restare.

"Mi sento umiliato, come uomo, capisci? La mancanza di lavoro, la mia inerzia, la disgrazia mi umiliano, sembra che io ne abbia una responsabilità, una colpa,"[3] grida Nicola Vietri in *Peccato originale* facendosi portavoce dei tanti che come lui sono costretti ad andare via. Per racimolare I soldi per il viaggio ci si vende tutto quello che si possiede, così l'andarsene va oltre, esso cancella, annulla completamente coloro che partono dal suolo natio. Eppure "rimorde la perdita" afferma giustamente Erri De Luca, la perdita delle cose amate e conosciute, del posto che ci ha visto crescere, dei luoghi che hanno testimoniato l'inizio della propria esistenza. Sempre in *Peccato originale* la giovane Ada, rimasta vedova con due figlie si vede costretta a partire, ma piange il suo destino:

> Ada sentì improvvisamente una grande tristezza per la sua vita, e avrebbe pianto con singhiozzi alti per sfogare nel pianto la sua strana e irragionevole paura per l'ignoto avvenire. Lei non aveva mai desiderato di emigrare in America. Si era decisa di accettare l'idea del marito soltanto perché era sopraggiunta una grande miseria nella loro casa.[4]

Partire non è solo dolore è anche paura, per qualcosa che non si conosce ma soprattutto che non ci conosce, è paura perché così, da un giorno all'altro ci si ritrova stranieri, tornati bambini senza lingua e senza conoscenza. Lo strappo dal paese, dal luogo di nascita è una morte simbolica, bisogna morire per poter rinascere. Erri De Luca ne *Il giorno prima della felicità* riesce magnificamente a descrivere l'idea della morte e della rinascita che aspetta ogni emigrante:

> I viaggi sono quelli per mare con le navi, non coi treni. L'orizzonte deve essere vuoto e deve staccarsi dall'acqua. Ci dev'essere niente intorno e sopra deve pesare l'immenso, allora è viaggio.[5]

---

[3] Giose Rimanelli, *Peccato originale* (Milano: Mondadori, 1954) 142.
[4] Giose Rimanelli, Op. cit., 146.
[5] Erri De Luca, Op. cit., 72.

Le parole utilizzate da De Luca rendono palpabile il dolore della partenza, esse fanno sentire sulla propria pelle il peso di cosa significa andare via. È uno "staccarsi" da tutto e da tutti, più niente intorno, e poi potente si sente il peso 'dell'immenso.' È solo dopo queste sensazioni di dolore e di morte che la rottura è realizzata, l'individuo si ritrova nudo e dunque capace di ricominciare. Sono parole che indicano una condizione che rompe, che isola, uno stato di morte che permette la rinascita altrove. Lo strappo della partenza, la solitudine e l'immensità del mare spingono ad ascoltare il proprio cuore, e solo dopo la rottura totale da un luogo che era estensione di noi stessi, si trova la forza di andare. Nel romanzo *Peccato originale* la giovane madre ormai rimasta vedova, costretta ad andare all'estero per poter sopravvivere, piange il suo destino. Quell'America che tutti sognavano, senza neanche sapere dove fosse questa America, un posto altrove, lontano dove si spera trovare un pò di fortuna per migliorare la propria vita. "Per noi ci pensa il mare a pareggiare I conti"[6] è il pensiero fisso che accompagna e dà forza agli emigranti, essi troveranno in questo nuovo luogo di adozione quello che è stato negato loro dal paese natio e così potranno rifarsi. Giose Rimanelli ha scelto come presentazione del suo romanzo la poesia di un mercante di lana morto sotto re Ferdinando, Apollonio Drej che riassume con I suoi versi la sfortuna del Sud:

> Questa gente del Sud è segnata dal peccato
> originale, una maledizione di Satanasso. Onde
> la povertà
> le invasioni
> i borboni
> i gesuiti
> il colera
> e tutti I mali che affliggono lo spirito e la carne. Poi mi domandate:
> perché se ne vanno?
> Non stanno bene qua? No, io dico. E nessun Governo, a differenza
> di Cristo, riuscirà
> mai a riscattarli.[7]

---

[6] Erri De Luca, Op. cit., 130.
[7] Giose Rimanelli, Op. cit.

Ma il dolore del Mediterraneo è fatto anche di ritorni. Ritornare significa però angoscia di ritrovare un posto che non ci riconosce più e che noi stessi non riconosciamo. Ritornare è affanno, tormento come era stata la partenza. Si teme il raffronto con un mondo cambiato perché noi stessi si è cambiati. Forte è l'angoscia di non ritrovare immagini, ricordi di luoghi antichi, volti conosciuti, suoni e colori che hanno riscaldato I sogni stanchi dell'emigrante. Molto spesso ritornare significa riaprire una ferita mai veramente chiusa, portare a termine un discorso lasciato in sospeso, rimettersi in discussione per chiudere il cerchio della conoscenza di sé stesso. Lo sapeva bene Giose Rimanelli che ha fatto di questo soggetto il tema centrale di tanti dei suoi lavori. Lui stesso creatura di emigrazione e per sempre tormentato dall'Erma bifronte dalla doppia faccia del dolore di vivere lontano e della paura di tornare.

Come lo sapeva bene il regista Sergio Rubini che ha fatto del Sud il tema centrale dei suoi lavori cinematografici. Una fuga, un allontanamento per varie ragioni e successivamente un rientro difficile, quasi impossibile, e il "dolore del Mediterraneo" continua a farsi sentire. Ed è su *L'uomo nero*[8] di Rubini che voglio fermarmi per trattare il ritorno al luogo di origine, un ritorno come tassello necessario per mettere a punto la propria conoscenza di sé stesso.

Benché non si tratti di un viaggio oltreoceano per Rubini, calza bene anche per lui il discorso di un ritorno angosciante e doloroso in un posto amato e odiato, un luogo a cui si è ancora legati da un simbolico cordone ombelicale mai reciso. Nel film *L'uomo nero* il regista ripropone questa articolata e difficile conversazione con il Meridione cosi comune ai tanti artisti meridionali emigrati in altri luoghi. "Il rapporto è conflittuale," ammette Rubini in una intervista, per poi continuare: "sono andato via a diciotto anni, ma non volevo scappare. Lo strappo è stato brutale. Poi mi sono reso conto negli anni che l'unica cosa che avevo da raccontare era quel posto e quello strappo."[9] "Strappo" definisce Rubini il suo andare via, e non partire, allontanarsi, dunque la sua è una scelta tutt'altro che neutra. La parola

---

[8] *L'uomo nero*. Dir. Sergio Rubini. Bianca Film. 1990.
[9] *Venerdi di Repubblica*, 27 novembre 2009.

'strappo' sublima la difficoltà di andare via, perché sta ad indicare un dolore, una partenza violenta, una esclusione imposta in qualche modo. Ed è questa separazione sofferta che, con ogni ritorno, si trasforma in linfa creativa per Rubini. "Torno sempre a girare in Puglia perché è il teatro di prosa che conosco meglio e lì mi viene più facile inscenare anche quel che è successo altrove."[10]

L'uomo nero apre con l'arrivo di Gabriele, richiamato al paese per l'imminente morte del padre, una venuta che rispecchia la sua paura e turbamento. La cinepresa segue passo passo un Gabriele confuso mentre attraversa corridoi interminabili d'ospedale, che si guarda intorno spaurito, non si ritrova. La telefonata che fa alla compagna in Svizzera rivela il suo rapporto conflittuale con il paese, con il padre, con sé stesso. Tornano alla memoria le giornate passate a nascondersi per sfuggire alle orribili sfuriate del padre e ai litigi dei genitori. Ed è al capezzale del padre morente che gli ripete I nomi dei due responsabili della fine del suo sogno artistico, che Gabriele viene catapultato nel passato, rivive la vita e la fuga dal paese e dal padre rinnegato. Questo ritorno è la resa dei conti con sé stesso.

L'uomo nero è anche un raffinato riproporre un Sud mai dimenticato. Attraverso la memoria di Gabriele il paese si presenta come un mitico luogo del Meridione, stradine strette su cui si affacciano le case in fila, una di fronte all'altra quasi un abbraccio per allontanare la solitudine. Donne che lavorano fuori la porta, spazio come estensione di interni. Bambini sfrenati nel gioco accompagnati dai rimproveri urlati da vecchi seduti sugli usci. Il Sud è voci che si rincorrono, memorie mai sbiadite, un Sud dove si vive insieme in una comunanza fatta di bene e di male. Immagini di un posto lasciato che si fa immaginario comune di tutti coloro che sono dovuti andar via.

Rubini con il suo *Uomo Nero* fa rivivere con un senso di nostalgia la condivisione della gioia della televisione, oggetto appena arrivato nei paesini del Sud. A casa di Ernesto che gode di una delle prime televisioni, ci si ritrova tutti, amici, parenti, grandi e piccoli. Ognuno che si porta la sua sedia, ognuno che offre qualcosa per condividere la modernità: il film settimanale. Momenti comuni,

---

[10] *Venerdì* di *Repubblica*, 27 novembre 2009.

emozioni condivise con le pastarelle dello zio Pinuccio. Ricordi di un paese che ci ha insegnato per primo la commedia della vita: raccontare, ricordare, ascoltare, condividere. Il regista riesce favolosamente a cogliere il sentimento di nostalgia collettiva che attanaglia l'animo di quelli che vivono lontano.

Il paese dell'*Uomo nero* è un mitico luogo del Sud, dove la vita è scandita da rituali e da regole che si ripetono da sempre. La più importante e conosciuta è quella della dote. Con lo zio Pinuccio si va a casa della futura sposa, le famiglie riunite, il prete che legge la preziosa lista della 'roba' come si dice al Sud, una triste litania ripetuta da tanti scrittori di questa terra. Indimenticabile quella di Pirandello di *Prima notte*,[11] dove una voce fuori campo fa l'inventario di cose messe insieme con fatica e sofferenza, ma indispensabili per sistemare la figlia femmina:

> Quattro camice.
> Quattro lenzuola.
> Quattro sottane.
> Quattro insomma di tutto....

Senza la dote nel Sud una ragazza non si marita, finisce in convento, oppure a fare da zia a casa di un parente prossimo, o finisce sola e malamente. La dote serve, è indispensabile non solo per trovare marito, serve anche per contrattare e portare a termine un matrimonio riparatore.

L'uomo nero ci affascina e ci trasporta in un mondo meridionale ormai memoria collettiva, quella stessa memoria che accompagna coloro che ne sono dovuti fuggire, e quelli che cercano di tornarci. Vere e sofferte le parole di Sergio Rubini rilasciate ad una sua intervista: "Non appartengo a nessun luogo ... ma solo ai miei ricordi ... torno sempre a girare in Puglia perché è il teatro di prosa che conosco meglio"[12] un teatro che quelli che sono andati via si tengono stretto nel cuore, un teatro fatto di tradizioni ataviche, di rituali ripetuti e che continuano a ripetersi per sempre.

---

[11] Luigi Pirandello, *Novelle per un anno*, vol. I (Milano: Mondadori, 1957).
[12] *Venerdì* di *Repubblica*, 27 novembre 2009.

Con il suo *L'uomo nero* Rubini continua a investigare il Sud a scavare più a fondo; a voler soprattutto capire l'origine dello strappo non solo il suo ma anche quello di tanti altri che hanno scelto di fuggire dal paese. E dunque *L'uomo nero* rivela anche l'altra faccia di tanti piccoli paesini del Sud, il lato meno attraente, quello cattivo, che frena ed ostacola ogni voglia di volare in alto, e che invece lega tutti in un immobilismo intollerante. Parlando appunto di questo soggetto Rubini spiega che nel suo paese era solito sentire:

> (Ma dove vuoi andare?) È una frase che si ripete dalle mie parti, come un'iniezione letale che ci si pratica a vicenda, impedisce che l'altro vada più avanti di te. L'immobilismo è il male inestricabile di troppe realtà di provincia.[13]

In *L'uomo nero* è Ernesto a vivere e a pagare sulla sua pelle lo scotto dell'immobilismo del Meridione. Ernesto capostazione di mestiere, cerca di inseguire la passione della sua anima: la pittura. Dipinge Ernesto, e l'artista Çezanne è il suo maestro di vita. I colori, le pennellate, le atmosfere dei suoi dipinti gli riempiono le pupille e la mente. Ernesto da pittore dilettante affida la stima di sé stesso al riconoscimento dei due pseudo-intellettuali del paese, il Pezzetti professore e critico d'arte e Venusio, avvocato. Il Gatto e la Volpe di Pinocchio che, invidiosi e mediocri, girano il paese alla ricerca di cose e di persone da rimettere in quello che loro ritengono 'il loro posto' perché così è stato decretato dal destino. Due piccoli notabili del paese che riescono con la loro perfidia e invidia a distruggere la passione artistica di Ernesto, e lui, padre buono, ma attanagliato dalla misera immobilità del posto, e incapace di uscire dal gioco mortale del provincialismo, e si fa 'uomo nero' per il suo bambino.

Ma non è solo il padre a pagare questa altra realtà del Sud, quella cattiva, della diminuzione dell'altro, è anche il piccolo Gabriele — Rubini stesso — che trova scampo solo nella fuga, quella fuga che lui chiama "strappo". Solo il ritorno può dare all'adulto Gabriele la possibilità di capire la sua adolescenza, e redimere la figura del padre dall'immagine di 'uomo nero'. Con il ritorno al

---

[13] *Venerdi* di *Repubblica*, 27 novembre 2009.

paese Gabriele si riappropria del cordone ombelicale del suo passato che lo unisce ancora al suo Sud 'l'unica cosa che avevo da raccontare era quel posto,' impara adesso a capirlo e a gestirlo.

Si soffre quando si parte ma altrettanto quando si torna perché ci si scontra con le realtà del passato che ci hanno plasmato, e che spesso si sono dovute nascondere per potersi avviare nel cammino della vita. Gabriele torna e chiude il cerchio del suo passato. Adesso quel Sud dal quale era fuggito, può riacquistare consistenza e chiarezza, e riconoscere il padre non l'uomo nero della sua adolescenza ma una semplice vittima della realtà del posto. I due si parlano, il padre rientra nello spazio di amico e confidente. Ed è al figlio ritrovato che Ernesto sussurra il suo desiderio mai assopito, la pittura: "Forse mi rimetto a pitta', tu che ne dici, eh Gabrielli'?" Il cerchio si è chiuso e il Sud è tornato a riavere il suo giusto posto.

Trovo appropriato chiudere questo mio intervento con un ritorno allo scrittore Giose Rimanelli che come Sergio Rubini ha portato con sé il dolore e l'angoscia di un ritorno in un Molise mitico, due immagini fuse in una. Per Rubini il teatro della sua arte è la Puglia, per Rimanelli il Molise, luogo mitico della sua giovinezza.

> Ora sono tornato nel Molise…. E ho baciato e singhiozzato su questa terra meravigliosa …e ora posso dire in un sussurro sono rimasto vero e splendido come questa terra, il mio Molise.[14]

Il Mediterraneo piange con la sofferenza di quelli che partono e l'angoscia di tutti quelli che riescono a tornare al luogo di partenza. Ed è alla poesia *Casa romita*[15] di Pirandello che voglio affidare il suono di questo pianto mediterraneo:

> Casa romita in mezzo alla natia
> Campagna, aerea qui, in su l'altipiano
> d'azzurre argille, al cui sommesso invia
> fervor di spume il mare aspro africano,
> te sempre vedo, sempre, da lontano,
> se penso al punto in cui la mia vita

---

[14] Giose Rimanelli, *Molise, Molise* (Isernia: Marinelli 1979) 25.
[15] Luigi Pirandello, *Saggi, poesie e scritti varii* (Milano: Mondadori 1973) 110.

s'aprì piccola al mondo immenso e vano:
da qui — dico — da qui presi la via.
da questo sentieruolo tra gli ulivi,
di metasto, di salvie profumato,
m'incamminai pe'l mondo, ignaro e franco.
e tanto, o fiorellini schivi,
tra l'erma siepe, tanto ho camminato.
per ricondurmi a voi, deluso e stanco.

PAISÀ E LA RICOSTRUZIONE DELL'IDENTITÀ NAZIONALE POSTFASCISTA

Antonio C. Vitti

SCUOLA ITALIANA, MIDDLEBURY COLLEGE

> "Non seguo teorie, opinioni, schemi, non ho preferenze. Non credo alla "morte del santo", ossia nell'invecchiamento della concezione dell'artista. Non ho ispirazione, né partecipazioni emotive, seguo la logica." (R. Rossellini)

Paisà (1946)[1] di Roberto Rossellini è considerato un film che riesce a rappresentare, tramite il popolo italiano, l'Italia stremata, gli Italiani che abbracciano i loro liberatori e per estensione simbolica tutti i popoli del mondo che lottano per la libertà. *Paisà* è anche uno dei film più stimati dalla critica mondiale e non soltanto da accademici, critici e studiosi ma anche da divulgatori del cinema italiano. Per il Morandini il film di Rossellini è considerato uno dei vertici del neorealismo italiano che porta a un grado di incandescenza espressiva e di autenticità tragica la materia della cronaca. Il film è riconosciuto come il punto artistico più alto della trilogia della guerra del regista romano per la sua costruzione essenzialmente documentaria dell'Italia devastata dalla guerra. Si potrebbe continuare con una lunga lista di meriti su questo film che indubbiamente coglie i sentimenti della popolazione italiana che il regista condivideva durante l'occupazione nazista.

Lo scopo di questo saggio non è di mettere in discussione i meriti artistici di questo capolavoro né l'impegno morale del regista che in questo film riesce a captare le ansietà e la paura di quel momento storico, ma di affrontare le problematiche che nascono da

---

[1] Paisà s. m. — Forma vocativa di paesano, propria dell'Italia meridionale, col significato di «compaesano»; alla fine della Seconda guerra mondiale era usata dai soldati italo-americani come appellativo nel rivolgersi ai civili, poi si è generalizzata fino ad assumere il significato di soldato italiano alleato (con queste accezioni, ha largamente contribuito alla sua notorietà il titolo del film Paisà di R. Rossellini, del 1946) in Enciclopedia Treccani.

una costruzione essenzialmente documentaria di un complesso periodo storico come quello italiano che va dalla caduta del Fascismo all'Italia devastata dalla guerra e alla sua ricostruzione. Inoltre, il mio obiettivo è anche di mostrare il ruolo avuto dal film di Rossellini nella rappresentazione e nella storicizzazione della liberazione dell'Italia da parte degli Alleati che ha portato a una ridefinizione dell'identità italiana.

Com'è ben noto il film non fu ben accolto alla Mostra di Venezia del 1946 ma venne poi osannato prima in Francia e poi negli Stati Uniti. Alla prima a Parigi, il poeta Paul Eluard lo descrisse in questi termini: "Un film in cui [...] siamo entrambi attori e spettatori. Noi vediamo e siamo visti, e questo ci sconvolge. La vita ci circonda, ci coinvolge e ci travolge. [...] Si tratta di persone che lottano, come altri hanno fatto tante volte, contro la tirannia e la propria debolezza, contro l'ingiustizia e la povertà; un film in cui le persone non mettono a nudo soltanto i loro sentimenti, ma anche la loro innocenza, meriti e bontà; non solo le loro miserie, ma anche le loro gioie e le speranze per l'amore e la verità - una verità misera e gloriosa. Non volendo mostrare alla gente del proprio paese il meglio di loro, l'autore di questo film, con calma audicità, compensa e corregge il passato delle sue vittime con le speranze dei loro eroi".[2]

Con il poeta c'era il critico George Sadaul che scrisse: "Non sono il solo ad aver provato, dinanzi a *Paisà*, il brivido provato un tempo davanti al *Dottor Caligari*, alla *Corazzata Potemkin* o a *Peter Ibbetson*. [...] Siamo in parecchi ad aver sentito quel fremito che non si sente che al cinema e che si sente tanto di rado. È un film di qualità eccezionale che si mette all'avanguardia del cinema contemporaneo [...] Perché non dirlo? Rossellini non è il solo in Italia [...] Un nuovo cinema sta nascendo [..]. Non ho dubbi che, se soddisfa la promessa di questo film, il cinema italiano del dopoguerra eguaglierà in importanza il cinema della Svezia e della Germania degli anni Venti."[3]

---

[2] In Georges Sadoul, *Dictionary of FILMS*, Translated, Edited and updated by Peter Morris (Berkeley and Los Angeles, University of California Press, 1965).
[3] IVI. Per entrambe le citazioni la traduzione è mia.

Gli italiani non andarono a vedere questo film come hanno dichiarato i fratelli Taviani riferendosi al cinema italiano del primo dopoguerra: "anni d'oro artisticamente posso accettarlo ma d'oro no, era proprio l'epoca di miseria del cinema del Neorealismo, perché la maggioranza dei nostri film non facevano una lira. Le sale erano vuote, non andavano a vedere i film"[4] ma per gli spettatori stranieri che andarono a vedere *Paisà,* il film di Rossellini si rivelò una condanna degli orrori che la guerra aveva portato alla nazione del regista. Tecnicamente il modo ellittico di raccontare i fatti essenziali, assieme all'uso di non attori, dei dialetti e del multilinguismo e dell'ambientazione naturale fecero pensare all'improvvisazione. A differenza di quanto si possa credere *Paisà* non è stato un film a basso budget e a basso costo. Per Rossellini siccome spesso i professionisti non rispondevano quasi mai all'idea che si era fatto del protagonista, rinunciava ai buoni attori, e la scelta degli interpreti poteva avvenire anche tra la gente nel mezzo del paese oppure nel posto in cui contava di realizzare l'episodio.[5] A detta di Massimo Mida, aiuto regista: "Si prendevano le mosse da un trattamento di massima, i dialoghi si stendevano, si può dire, scena per scena, la stesura di un espisodio si legava con quello successivo.[6] Il che non significa che si usasse un sorta di primitivo canovaccio, i dialoghi come le intonazioni erano ben studiati e calcolati e acquistati da una lunga preparazione. Basta ricordare l'estenuante lavoro svolto con Carmela e Robert, il soldato americano dal Texas, del primo episodio. Come ricorda Mida, la ragazza napoletana era a detta di tutti i presenti una selvaggia che non sapeva né leggere né scrivere e aveva molte difficoltà nell'apprendere come recitare e

---

[4] In *Neorealismo: Non eravamo solo ladri di biciclette* (Roma: Troworld, 2013) 70-71.

[5] [...] per scegliere gli interpreti, ho cominciato a sistemarmi col mio operatore in mezzo al paese in cui contavo di realizzare questo o quell'episodio. I curiosi mi venivano intorno, e io sceglievo gli attori nella folla. Se si ha a che fare con buoni attori professionisti, essi non rispondono mai esattamente all'idea che uno si è fatto del personaggio. Per giungere a creare veramente il personaggio immaginato, bisogna che il regista intraprenda una lotta con il suo interprete e finisca per piegarlo alla sua volontà. È perché non ho voglia di sperperare le forze in una tale battaglia che impiego soltanto attori occasionali. Roberto Rossellini, *Il mio metodo. Scritti e interviste,* a cura di Adriano Aprà (Venezia, Marsilio Editori, 2006) 108.

[6] Tutti i riferimenti a Massimo Mida e le citazioni provengono da Massimo Mida, *Compagni di viaggio. Colloqui con i maestri del cinema italiano* (Bologna, Cineteca di Bologna, 1988) 44-50.

come muoversi, la scena più importante dell'episodio fu rifatta per quattro giorni per cui non c'era improvvisazione. Lo stesso si può dire del secondo episodio che si svolge a Napoli, il personaggio afroamericano è interpretato da un attore, Dats Johnson, che passò molto tempo con Pascà, lo scugnizzo napoletano, per arrivare alla confidenza e alla collaborazione che appaiono nel film come spontanee. Mida ricorda anche che molte scene prese dal vivo non furono montate a causa dell'indisciplina dei napoletani incapaci di seguire il volere del regista.[7] Le scene di battaglia a Firenze si sono servite di un dialogo scritto da Vasco Pratolini, il cui merito non viene riconosciuto, e veri partigiani diedero il loro parere e approvazione. L'episodio del convento si avvalse della collaborazione di veri frati che Rossellini aveva conosciuto a Maiori dove fu girato l'incontro con i cappellani americani che nel film viene presentato come un evento accaduto in Romagna, a scapito della autenticità.

La tecnica di Rossellini dell'improvvisazione era dispendiosa e infatti *Paisà* è stato il più costoso film italiano del 1946, il regista ebbe il sostegno finanziario e la pellicola per la produzione da Rod Geiger, un ufficiale americano che aveva distribuito *Roma città aperta* negli Stati Uniti nel 1945 e poi aveva fondato la Foreign Films Productions.[8] Nel 1946, Geiger tornò in Italia con la pellicola e con pochi sconosciuti attori e un'attrice ma anche con quindici mila dollari con cui convinse Rossellini a girare la continuazione di *Roma città aperta*, film che aveva riscosso successo in tutto il mondo.

A quell'epoca quando il cinema italiano era un'avventura imprevedibile molti si improvvisavano produttori e cinematografari e da queste precarie circostanze sono anche nati tanti dei miti che accompagnano questo film. Il produttore Geiger ricordato da Fellini, aiuto regista e anche collaboratore alla sceneggiatura, diventa un personaggio che raccontava balle straordinarie. Un millantatore americano senza soldi poi trovati da Mario Conti. Il titolo del film fu scelto due mesi dopo l'inizio delle riprese dal termine italo

[7] Op. cit., *Compagni di viaggio. Colloqui con i maestri del cinema italiano*, p. 49.
[8] Basta ricordare che *Roma città aperta* era all'inizio un film muto per necessità. La pellicola costava sessanta lire al metro e avrebbero dovuto spendere per ogni scena, centinaia di lire di supplementari se avessoro voluto registrare il sonoro. *Roberto Rossellini*, Op. cit., p. 95.

americano paisan.[9] Secondo altri il titolo è un omaggio al cane, un Irish setter, di Geiger che lasciò a Mario Conti che si chiamava *Paisà*. Geiger aveva promesso di portare: Gregory Peck, la Turner e altri divi hollywoodiani invece secondo Fellini arrivò con attori sconosciuti e un'attricetta. Sergio Amidei sostiene che la lavorazione del film è stata molto laboriosa e complessa e che Rossellini si serviva di una specie di ispiratrice. Sempre secondo Amidei la sceneggiatura era tutta scritta e completata prima dell'inizio delle riprese e che Fellini fece soltanto l'aiuto regista e che ebbe un ruolo durante la lavorazione degli episodi aggiugendo più fantasia e intervenendo soltanto negli episodi di Napoli e poi su quello dei frati. Sempre a detta di Amidei l'ultimo episodio sarebbe dovuto essere ambientato in Valle D'Aosta con ex-partigiani come protagonisti, ma poi ripiegarono sull'episodio del Po, al quale Amidei non prese parte, perché ispirato da Renzino Avanzo, che conosceva la zona molto bene. Per ultimo non bisogna dimenticare il famoso aneddoto nella vita personale di Rossellini che dopo questo film ricevette la seguente ormai leggendaria lettera da Ingrid Bergman: "Dear Mr. Rossellini, I saw your films *Open City* and *Paisan*, and enjoyed them very much. If you need a Swedish actress who speaks English very well, who has not forgotten her German, who is not very understandable in French, and who in Italian knows only "ti amo", I am ready. "

In merito alla nascita del progetto e alla prima sceneggiatura di questo film nella ricostruzione fatta in diciotto anni di ricerca da Tag Gallagher[10] gli Americani coinvolti nel progetto erano: Rod Geiger, Klaus Mann, Alfred Hayes e Bob Lawrence che avevano vissuto direttametne l'esperienza dell'arrivo delle truppe americane in Italia e volevano raccontarla al popolo americano con un film realista senza sentimentalismo. Molti di loro amavano l'Italia

---

[9] Term used among people of Italian or Spanish descent) a fellow countryman or friend (often as a term of address.
Secondo il dizionario americano il termine è usato amichevolmente dagli italo-americani e dagli ispanici come appellativo. Secondo Walter Henley, all'epoca diciottenne soldato americano combattente in Italia, il termine era usato tra i militari in modo affettuoso e a volte veniva usato per interpellare gli italiani pensando che significasse "amico."
[10]Tag Gallagher, *The Adventures of Roberto Rossellini: His Life and Film*

e la sua cultura e volevano mostrarlo nel raccontare le loro esperienze iniziando dal viaggio transatlantico prima dello sbarco in Sicilia e poi attraverso la risalita della penisola e i combattimenti per la liberazione dell'Italia. Tutti gli episodi finivano con la morte di uno dei sette soldati americani come omaggio alla loro memoria e al loro sacrificio. Nell'agosto del 1945 Geiger partì per New York insieme a Mann. Al suo ritorno Geiger consegnò a Rossellini una sceneggiatura già scritta essenzialmente da Mann con il titolo *Seven from U.S.* Quando Rossellini accettò di dirigere il film creò tra i suoi collaboratori coppie che dovevano lavorare indipendentemente e in competizione: Amidei lavorava con Hayes, Mann e Pagliero che poi lasciò la lavorazione per girare il suo film *Roma città libera*. Mann collaborò dal 4 agosto fino al 22 dicembre poi venne allontanato da Rossellini che si servì di Amidei per scaricarlo. Lo stesso mese l'ambasciatore americano a Roma annuncia a Washington l'inizio della lavorazione di un film italiano prodotto in parte con capitali americani dal titolo *Seven from the U.S.* e diretto da Roberto Rossellini. La riscrittura da parte di Rossellini e i suoi collaboratori ha cambiato per lo più la prospettiva per ogni episodio. Il copione preparato da Amidei si trasforma ulteriormente con le riprese e secondo le circostanze. Durante la lavorazione del film si rinuncia a capire la prospettiva personale dei GI americani e si accentua quello che era successo al paese e agli italiani, accentuando sullo schermo quello che la guerra aveva appena lasciato nelle strade. Con questo film Rossellini crea, a sua detta, una purificazione del film precedente in cui aveva un pò imbrogliato con il suo tributo al PCI e alla Chiesa Cattolica. Dal rifacimento del testo iniziale assieme all'istinto creativo del regista e come vedremo dagli eventi storici e politici con il tempo nasce e si canonizza il mito di *Paisà*; epica nazionale della nuova Italia nata da due madri: Liberazione e Resistenza.

STORIA IN DIRETTA: IL FASCISMO LA GUERRA NEI FILM

Nel 1961 in uno dei primi testi sulla storia del cinema italiano l'autore Carlo Lizzani scrive: "Tanta foga nel ritagliare figure e personaggi da una cronaca ancora viva negli occhi e nell'animo degli italiani, tanta avidità di scoprire, di raccontare, d'immergersi nelle dimensioni reali della nostra esperienza quotidiana e della nostra vita vissuta, sembrano suggellare la validità profonda delle aspirazioni del cinema e della cultura d'opposizione e condurre a un approdo libero le prime rotture, i primi scandali antiretorici di De Sica e di Visconti."[11] Dal mio punto di vista critico il tentativo di trovare un legame tra *Paisà* e i primi film di rottura con la cultura egemone del regime è una vera forzatura. Suggerisco un'influenza diversa su *Paisà* come film di ricostruzione della storia quasi in diretta riferendomi a *Sentinelle di bronzo, Inviati speciali, L'assedio dell'Alcazar, Il grande appello, Bengasi e Giarabub* film che portano sullo schermo avvenimenti quasi nel loro farsi, esempi cinematografici di riscostruzione storica in diretta che mostrano anche l'originalità di alcuni film storici girati durante l'era fascista che Rossellini conosceva. D'altronde un esempio di cinema come rappresentazione immediata della storia era stato fatto con *Roma città aperta* che fu girato quando nel nord i partigiani ancora combattevano e secondo la testimonianza di Maria Michi: "[...] fu una collaborazione a cui parteciparono tutti i vari esponenti dell'antifascismo italiano portando i loro ricordi. Ognuno di noi portava dei ricordi di quello che era accaduto. Togliatti portava dei ricordi, [...] Negarville, Pellegrini, Guttuso, Roberto è venuto dopo con Federico. Quale film lo facemmo tutti, come quando si cucina alla buona. [...]" [12]

Paisà è ora il film mitico; epopea della Resistenza italiana nella storia del cinema. Per lo storico e critico cinematografico Gian Piero Brunetta il film compone in un equilibrio perfetto tutte le sue parti e tutti gli elementi. La psicologia individuale è sacrificata allo sforzo ... di offrire il senso di un itinerario geografico che diventa una vera e propria risalita morale, una testimonianza di un riscatto collettivo, la celebrazione di un sacrificio in nome della libertà.[13] Secondo Peter Brunette gli italiani sono uniti nel dolore, anche se divisi da differenze linguistiche e regionali. I tedeschi sono utilizzati per unire gli italiani e mettere in rilievo i confini e le qualità nazionali.

---

[11] Carlo Lizzani, *Il cinema italiano. Dalle origini agli anni Ottanta* (Roma, Editori Riuniti, 1992) 11.

[12] In *Compagni di viaggio. Colloqui con i maestri del cinema italiano*, Opera citata, p. 94.

[13] Gian Piero Brunetta, *Cent'anni di cinema italiano*, Vol. II (Bari, Laterza, 1995) 64-5.

Lo scopo del film è di educare gli Italiani a non fare più guerre. *Paisà* è un film realizzato per affermare il rifiuto dell'ingiustizia, della violenza e della barbaria. Gli episodi sono legati tematicamente dall'impossibilità di comunicare e la lotta per capirsi in cui gli orrori della guerra forzano i personaggi ad un'aspirazione comune che si materializza nel morire insieme come essere umani in un sacrificio che acquista un'umanità comune rendendo tutti i personaggi uguali. Per Rondolino è un film sulla Resistenza, stilisticamente basato sull'attesa di una tragedia che avviene in tutti gli episodi.

Uno degli argomenti ricorrenti nell'insegnamento di un corso di cultura italiana e di cinema, a livello universitario, è il neorealismo. Quasi tutti i libri sul cinema italiano dedicano capitoli sulla definizione di questo genere e il ruolo da esso avuto nel creare una nuova identità italiana in rispetto a quella fascista e monarchica. Il dibattito ruota non soltanto su quali film includere e come definirli ma si estende anche se i film ad esso appartenenti possano essere definiti: "Foundational films" (film di formazione) riguardo alla ricostruzione dell'identità nazionale italiana. Secondo una corrente critica le novità in questi film sono identificate con la documentazione di quello che accade nelle strade, con temi populisti, con temi e eventi di cronaca contemporanea e riprese fotografiche di realtà immediata, concetti che si riallacciano al pedinamento zavattiniano. Per quasi tutti i critici i film del neorealismo hanno alla loro base il tentativo di propagandare l'antifascismo. Per altri, influenzati da Bazin, l'evolversi dell'inchiesta deve preservare uno sguardo morale e un poetismo estetico. Questa corrente per lo più cattolica segue una mistica che non prende in considerazione l'urgenza della ricerca agnostica che in tanti registi si rileva nella ricerca di una nuova coscienza, nata da una rivoluzione intellettuale originariamente laica contro il fascismo e le istituzioni religiose cattoliche. Per cui il neorealismo nega la facile onniscenza sulla psiche di un personaggio che si trova invece nei film hollywoodiani che capitalizzano sulla tensione presente nella realtà esterna mentre la verità interiore resta irrangiungibile in quanto non esplorata. Nei primi due film della trilogia della guerra in Italia, Rossellini non analizza con la MDP la realtà che la circonda perché essa era già contenuta tutta nella fiction mentre invece nei film succcessivi (mi riferisco a film con Ingrid Bergman) la MDP e sempre coinvolta in una dialettica con le immagini della storia scelta dalla messa in scena. Nei due film sulla guerra in Italia, Rossellini fa capire attraverso uno sguardo diretto, immediato e semplice quello che causa una guerra e quello che rimane dopo la tragedia. Attraverso il cinema dello sguardo, Rossellini riporta quello che accade apparentemente senza essere coinvolto, trasmettendo un messaggio emotivo in cui lo spettatore deve arrivare alla propria conclusione della situazione. Il miglior modo per istruire le persone, per educare e non soltanto intrattenere era per Rossellini riprodurre la verità come l'ha vista la macchina da presa per quel pubblico di tutto il mondo che ha un cuore capace di amare ed un cervello per pensare. I film in discussione ci danno una memoria "reale" di qualcosa che noi non abbiamo vissuto facendo entrare gli spettatori nel dramma dei personaggi e mostrando le loro esperienze in maniera organizzata cioè attraverso un punto di vista che cerca di essere il più obiettivo possibile. Come discuterò successivamente la guerra raccontata da Rossellini mostra l'orrore e la violenza subita dalla gente, da soldati e da individui, tutti vittime della stessa tragedia. Le immagini colpiscono e provocano un'empatia attraverso l'emozione ma non spiegano i risvolti storici: le colpe del fascismo, la presenza americana in Italia, il loro intervento, l'occupazione ed in seguito la Guerra Fredda. Queste immagini forti ma prive dei contenuti storici che li hanno creati e condizionati sono serviti come referenti per creare il luogo potenziale dell'identità nazionale popolare della nuova Italia che nasce dalle macerie.

Per questi motivi *Paisà* è un film che inizia una nuova formazione identitaria fortemente radicata non nella storia e nelle tradizioni storiche ma nella sofferenza del popolo, per cui nella storia del cinema italiano diventa un testo fondamentale e utile per esaminare i cambiamenti e le problematiche legate alla autorappresentazione degli Italiani e/o alla nozione del concetto di nazione e/o alla nuova immagine del popolo italiano durante la restaurazione.

Frank Burke[14] mette in questione la possibilità stessa di un'autorappresentazione degli Italiani dato le diversità locali e regionali, il passato coloniale, e la frammentata coesione nazionale che non permetterebbero la creazione di un'immagine unificata dell'Italia.[15] Secondo me esiste un errore di base da parte della critica, il discorso è impostato male, dato che i due film della trilogia della guerra di Rossellini girati in Italia non annuiscono alle possibilità di una trasformazione e un'evoluzione sociale e non si rassegnano alla fine a riconoscere l'impossibilità di creare una nuova identità. Le strategie in relazione al cinema come potenziale di coesione sociale per costuire un'identità nazionale non mostrano in *Paisà* l'impossibilità di creare un cinema di formazione identitaria (Foundational filmaking)[16] in una nazione come l'Italia, ma creano la base per l'identità italiana del dopoguerra come nazione schierata al fianco degli Alleati, membro della NATO con un governo anticomunista. Durante gli anni di radicale cambiamento dell'Italia che vanno dalla Seconda Guerra mondiale alla Resistenza e al sofferto cammino nella democrazia, gli scontri in patria e i successi all'estero, delle attività cinematografiche che hanno accompagnato questo processo concentrando il discorso sul cinema e sulle origini e sullo sviluppo del neorealismo sono una dimostrazione della mia tesi. *Roma città aperta* e *Paisà* di Rossellini rappresentano innovazioni stilistiche ma non sono i film più rivoluzionari e come dimostrerò in seguito non rappresentano il caso più lampante dell'operazione culturale che ha coinvolto il cinema militante neorealista ostacolato dal governo, portata avanti con il bonario monito che "I panni sporchi si lavano in casa." Nel filmare nel 1946 gli orrori della occupazione nazista e il contributo degli Americani con uno stile narrativo sintetico e asciutto, Rossellini viene promosso come il regista che ha "saputo

---

[14] Frank Burke, Rossellini's *Paisa' and Neorealism: Unitive Dreams, Fragmented Realities*, in *Romance Languages Annual*, X (1999): 199-205.

[15] I testi scolastici di storia hanno sempre puntato sul tema dell'identità e dunque su di una cultura fortemente radicata nella storia e nelle tradizioni del popolo italiano, elemento caratteristico che in politica ha sempre distinto la Destra e il Centrodestra del futuro.

[16] Foundational: of, relating to, or forming or serving as a base or foundation: fundamental foundational principles/doctrines — Film usati pe creare una base identitaria oppure principi e dottrine.

cogliere il riscatto degli Italiani con la guerra partigiana combattuta contro l'invasore germanico. Si è esaltata la posizione autonoma, la sua non ideologia o appartenenza a nessun partito e il suo istinto e la sua libertà interiore. Si è esaltata la sua abilità di raccontare nei suoi film i problemi con cui si misurava sapendo trasferirli interamente nei suoi personaggi e nel clima dei fatti. In *Paisà*, l'unità del film è il dolore e la tragedia della gente che non ne poteva più ma non è un film sull'unità frammentata, sul regionalismo: le particolarità italiane sono superate dall'unità nata contro la guerra e contro i nazisti e nell'accogliere gli Americani liberatori. Difatti bisogna chiedersi per chi e per che cosa combattono gli italiani? La risposta viene dal film stesso: combattono per salvare le loro case e le loro famiglie, e le loro gesta anche se non influenti sull'esito della guerra stessa servono per riscattere il popolo italiano, come per esempio la morte di Carmela, la morte di Lupo, la morte dei partigiani i cui corpi galleggiano sul fiume, i partigiani che rischiano la vita per seppellire uno di loro ucciso dai Tedeschi, il vecchio partigiano che usa l'ultima cartuccia per suicidarsi. Se si paragona *Germania anno zero* ai due film sulla guerra ambientati in Italia, Rossellini rivolgendosi a tutto il popolo tedesco ammonisce che non c'è possibilità di ricostruzione materiale e soprattutto morale se non si riconoscono gli errori commessi e che non c'è riscatto se si persevera nella negazione della personalità umana. Il discorso sui Tedeschi accentua quello già intrapreso in *Roma città aperta*, la ricerca sul che cosa aveva potuto portarli a un simile disastro. Una falsa morale, essenza stessa del nazismo, l'abbandono dell'umiltà per il culto dell'eroismo, l'esaltazione della forza piuttosto della debolezze, l'orgoglio conto la compassione. Il regista stesso ha dichiarato: "[...] scelsi di raccontare la storia di un fanciullo, di un essere innocente che la distorsione di un'educazione utopistica spinge a compiere un crimine credendo di fare un gesto eroico. Ma la fiammella dalla morale non si è ancora spenta in lui e si uccide per sfuggire al malessere questa contraddizione."

Roma città aperta è un film che coglie i sentimenti collettivi che la popolazione italiana aveva soffocato e covato durante l'occupazione tedesca — *Paisà* è fatto di episodi ricostruiti, dopo la

Liberazione, fu iniziato i primi giorni di gennaio del 1946, la realtà della guerra era viva in tutti, s'ispirava a una verità non cancellata, non dimeticata e rivissuta durante i sei mesi di riprese attraverso l'Italia, ma tanti eventi erano accaduti che non sono inclusi e neanche accennati: La fuga dei Reali, la Resa incondizionata, La Repubblica di Salò, Le quattro giornate di Napoli, il ruolo avuto dai soldati dell'esercito italiano nella guerra conto i Tedeschi, ma nel film si sente l'inizio della Guerra Fredda.[17]

Il regista Cecil De Mille ha sempre sostenuto che non importa l'esattezza della cronologia ma il rispetto del significato intimo degli avvenimenti. *Paisà* fa esattamente questo, difatti sembra cogliere soltanto la realtà che circonda la macchian da presa in cui gli GI americani non hanno un deuteragonista nel senso che la sofferenza degli Italiani è in primo piano ma i soldati americani sovrastano in aspetto fisico, sono risoluti, pietosi, autoritari e coraggiosi e non si lasciano

---

[17] Le cose buone che Mussolini ha fatto non esistono. Ha fatto cose infami, come le leggi razziali, preso decisioni scellerate, come l'ingresso in una guerra che fu subito una disfatta, cancellato (quell'assaggio di) libertà e democrazia. Ma se si rovista in mezzo al resto non ci sono cose buone. Di sicuro non le cose buone che gli vengono attribuite, con conferimento d'onori alla memoria (scarsa) e con la insinuante forza del sentito dire, ripetuto a filastrocca, con indolenza, per passaparola, che ora può contare su un'iniezione di velocità ed efficacia, grazie alle reti sociali. Eppure non sono buone nemmeno le cose che sono pronti a riconoscere, ad ammettere, quasi tutti: nemmeno la bonifica delle paludi, nemmeno le pensioni. L'operazione di smontaggio delle storielle sui presunti meriti residui del dittatore che ha trascinato il Paese al disastro militare, politico, economico, morale e umano è la base di Mussolini ha fatto anche cose buone, scritto dallo storico Francesco Filippi (Bollati Boringhieri, 160 pagg., 12 euro). È come un pamphlet ma un po' più lungo, è come un saggio ma più ruvido perché non gira intorno alle cose, consuma le edizioni una dopo l'altra, le librerie lo tengono direttamente di fianco alle casse. Un po' perché è il periodo giusto (quello di una rivalorizzazione dei toni antifascisti dovuta alla cronaca, dal Mediterraneo a Torre Maura) e un po' perché, appunto, è come una frustata. Uno schiaffo, a partire dal sottotitolo: "Le idiozie che continuano a circolare sul fascismo". Una scrollata utile a svegliarsi dall'assuefazione, dal lasciar dire. Un "manuale di autodifesa", come scrive nella prefazione lo storico Carlo Greppi (sotto i 40 come Filippi), autodifesa contro il fenomeno che è davanti agli occhi di tutti, tutti i giorni: "Centinaia di migliaia di persone che esprimono il loro apprezzamento e condividono compulsivamente balle colossali, balle che il fascismo mise in circolazione nella prima metà del secolo scorso, intestandosi risultati altrui o truccando la realtà". "Gli storici", aggiunge Greppi, hanno "prodotto un incessante lavorio di demolizione del 'mito' del fascismo buono. Ma, come si dice, non c'è più sordo di chi non vuol sentire". https://www.ilfattoquotidiano. (it/2019/04/25/25-aprile-le-bufale-del-fascismo-pensioni-bonifiche-case-stipendi-le-cose-buone-che-mussolini-non-ha-mai-fatto/5122512/)

sedurre se non ubriachi.[18] Nel film c'è sempre un contrasto tra la luce e il buio. La luce opposta alla tenebra, procedimenti cinematografici usati per creare una serie di opposizioni, per esempio tra i Tedeschi e gli Americani nel primo episodio. Questa distinzione ha lo scopo di aiutare lo spettatore nell'identificare i motivi e i "temi", cioè di decifrare il significato esplicito del messaggio del film, e crea un'iconologia, che si prefigge di interpretare il senso implicito del racconto. La storia così letta ha una funzione e serve a legittimare ovvero a scalzare l'interpretazione, la volgarizzazione della liberazione d'Italia secondo una veduta ben precisa. *Paisà* da questa prospettiva può essere letto come promotore di un modo di rivolgersi alla storia che poi sarà tipico del cinema italiano riguardo all'interpretazione della nascita della nuova identità nazionale e dell'Italia repubblicana che culmina con un'apoteosi di marca strisce e stelle.[19]

La critica non si è soffermata sulle tecniche cinematografiche ma nell'attribuire la possibilità di dialogo fra persone diverse, Italiani da una parte, Americani dall'altra come il tema centrale di *Paisà*. Il film è multilingue, più che bilingue perché nei primi episodi e nell'ultimo gli Italiani parlano in dialetto, i soldati tedeschi parlano tedesco. Già nel terzo episodio, quello romano, la ragazza aveva imparato l'inglese, quindi vuole entrare nel mondo dello straniero, e mano a mano che il film va avanti questa comprensione è sempre più facile. Ma al di là della comprensione linguistica, c'è la comprensione ideologica: il primo episodio è un episodio dove non si capisce chi è il nemico. Il quinto episodio è quello più ideologico di tutto il film, ed è qui che si manifesta per la prima volta un non dialogo, ma la possibilità di un dialogo, l'accettazione del diverso in quanto non sono i frati ad accettare i cappellani diversi, sono i cappellani ad accettare la povertà di spirito francescana di

---

[18] Anche nell'ultimo episodio i partigiani prendono ordini dagli americani che combattono con loro.

[19] *Giorni di Gloria* (1945) — Film di montaggio coordinato da Giuseppe De Santis e montato da Mario Serandrei sulla Resistenza che copre un arco di tempo dal settembre del 1943 fino all'aprile 1945. Con materiale in parte ricostruito sulla guerra partigiana a causa della scarsità di materiale — (le Fosse Ardeatine, il processo al capo della polizia Pietro Caruso e a Carretta direttore delle Carceri potrebbe essere visto come l'opposto dell'operazione e del ruolo che ha poi avuto il film di Rossellini,

questi frati: "Sarò sempre in debito, ho provato qui quella serenità di spirito che avevo perduto nella guerra." Quindi in questo c'è la speranza nel dopo, che da questo confluire di elementi diversi, nonostante l'annegamento con cui si chiude il film, potrà nascere - questa è l'utopia di Rossellini - non soltanto un'Italia nuova, ma un mondo nuovo in cui diverse culture si incontrano per emergere. Ma questo finale tragico nasce perché i soldati americani hanno accettato di partecipare al destino degli occupati, degli Italiani. L'ufficiale americano si fa fucilare, si fa buttare nel fiume assieme agli altri, entra dentro la situazione dell'Italia. A mio avviso la comprensione avviene soltatno a livello personale e limitato ma mai a livello ideologico nel momento in cui l'Italia diventa parte delle strategie politiche degli Stati Uniti durante la Guerra Fredda che venne a crearsi nel 1945, alla fine della Seconda Guerra Mondiale che ha influenzato il modo di concepire la storia e di conseguenza il cinema.

Gli Stati Uniti ebbero un ruolo cruciale nella ricostruzione dell'Italia ma l'influenza politica ed economica si estese ben oltre la sfera delle relazioni tra due paesi amici. L'egemonia statunitense fu massiccia e in tutti i settori della vita italiana per tante ragioni: primo paese liberato, più a lungo occupato, fu imposto un resa incondizionata a condizioni pesanti, impose un suo modello, col sorgere della Guerra Fredda, gli USA intrapresero un impegno diretto per stabilizzare il paese, l'arretratezza del paese e la sua vulnerabilità furono usate dai governi italiani per consolidare la propria stabilità, non fece nulla per l'epurazione dei fascisti dall'amministrazione e dell'avocazione dei profitti di regime, si pensi alle dimissioni di Carlo Sforza nel 1944 dopo aver fallito nel tentativo di incriminare il maresciallo Badoglio.

Feruccio Parri ha scritto: "L'Italia non era sostanzialmente cambiata era rimasta in larga parte lo stesso paese fascista dei vent'anni precedenti. Naturalmente vi erano state delle lezioni, uomini dell'amministrazione che hanno collaborato con me in buona fede e perfino con dedizione; ma la sitazione generale era quella che ho descritto."

Sono d'accordo con David Forgacs e Stephen Gundle che nel suo studio sul cinema italiano del dopoguerra scrive che in un certo senso, la Guerra Fredda lega il concetto di cinema neorealista all'idea di una autentica tradizione nazionale promossa dalla e legata alla Sinistra.[20] Rossellini invece si era lamentato della lettura politica imposta ai film dalla critica di Sinistra, dichiarando: "Ciò che avevo presentito quando fu presentato *Germania* ... mi apparve questa volta in tutta chiarezza: la critica reagiva in base a suggestioni politiche che non si curava nemmeno più di nascondere. Rossellini sosteneva che "Un gruppo ristretto, politicamente impegnato e appassionatissimo di cinema, ma in modo dilettantesco ha troppi dilettanti nella critica cinematografica. Ha creato con l'aiuto di una certa terminologia un argomento critico esteriormente molto seducente e molto seguito in Italia, soprattutto fra cronisti privi di gusto, d'intuizione e di sensibilità che possono così aggrapparsi a un vocabolario sempre buono che sostituisce il giudizio. È anche per quanto che attribuisco a ragioni politiche il mutamento d'opinioni verificatosi oggi a proposito di *Roma* città aperta e *Paisà*."[21]

Quello che è in gioco, ideologicamente, in Italia durante la Guerra Fredda, non è in primo luogo la lotta sulla questione se l'Unione Sovietica è l'impero del male o la terra della solidarietà e della pace, o se gli Stati Uniti rappresentano la libertà e l'opportunità o la disuguaglianza sociale e la reazione, ma la lotta per occupare il territorio cruciale della democrazia e delle tradizioni nazionali dell'Italia stessa. La Democrazia Cristiana già nel 1947 identifica la nazione con il collettivo aziendale, l'unità familiare, nell'entroterra rurale, la tradizione cattolica, e la ricostruzione economica legata al modello americano. Di conseguenza spinge il cinema neorealista oltre il limite di questo spazio nazionale con alcune eccezioni ma si oppone alle rappresentazioni della divisione sociale, la povertà urbana e rurale e la libertà sessuale. Anche la Sinistra si definisce nazionale e democratica, e propone un proprio modello di ricostruzione nell'antifascismo, in un progetto di progressiva democratizzazione che include anche una legislazione sociale, e una riforma agraria. Rifacendosi a

---

[20] Si veda *Mass Culture and Italian Society from Fascism to the Cold War* (Bloomington and Indianapolis: Indiana University Press, 2007).
[21] Roberto Rossellini, *Il mio dopoguerra*, Op. cit., pp. 39-40.

Gramsci, il Partito Comunista avrebbe dovuto creare una strategia nazional-popolare. Il discorso neorealista della Sinistra è un movimento nazional-popolare, antifascista e resistenziale per cui *Caccia tragica, Il sole sorge ancora, Giorni di gloria* per la Sinistra diventano e rappresentano film neorealisti che appartengono a una tradizione nazionale progressista, che deve essere costantemente riaffermata e difesa dalla censura del goverso di Destra.

Per concludere bisogna chiedere in che modo *Paisà* è un film fondamentale per ricostruire l'identità italiana? L'opera di Rossellini va oltre i confini dell'Italia va oltre l'immediato punto di riferimento del dopoguerra italiano, se viene visto soltanto attraverso quello che mostra si evita di cogliere le implicazioni ideologiche e politiche a esso connesse. I frammenti di realtà bruta che il regista giustappone progressivamente non bastano perché nel film c'è un parallelo storico implicito, che presumibilmente non si intuisce, ma che è per l'appunto il nuovo Risorgimento, la liberazione dell'Italia come nuovo Risorgimento. Per questi motivi *Paisà* non dava fastidio a chi comandava, non doveva essere soffocato dal potere. E' un film che sorprende, che dà emozioni, che fa conoscere un'Italia diversa: dialettale e povera, distrutta dalla guerra ma che non si giudica sul suo passato, non affronta e non accenna ai nodi storici e politici: la guerra e la distruzione e l'occupazione nazionale come risultato di scelte sbagliate, le leggi razziali, l'alleanza con i nazisti, l'imperialismo, la mancanza di una classe dirigente preparata a gestire la crisi dopo l'arresto di Mussolini, la perdita dell'indipendenza nazionale, la complicità e la complicità e la fuga Reali italiani, la non menzione dei soldati italiani che combattevano con gli Alleati, i bombardamenti sui civili, i disastri portati dal Fascismo. In questo bel film manca lo spirito che faceva del Neorealismo un cinema scomodo e militante per questo *Paisà* è divento l'icona della nuova Italia nata dalle macerie ma con una memoria storica limitata e selettiva.

SCRITTI CONSULTATI ONLINE

Arnheim, Rudolph. *Bianco e Nero*, N. 4. 1948.
Barbaro, Umberto. Settembre, 1946. *Unità*.

Brunette, Peter. *Roberto Rossellini*, 1987.
Rondi, Gian Luigi. *I quaderni del Cineforum* N 15,
Wagstaff, Christopher. *Italian Neorealist Cinema: An Aesthetic Approach.* 2007.

ITALIAN-LIBYAN ENCOUNTERS AND CLASHES IN THE MEDITERRANEAN SEA AND ON ITS SHORES
The Long Twentieth Century[1]

Jan Marta
UNIVERSITY OF TORONTO

Italy and Libya have a long history of both encounters (relatively peaceable) and clashes (more overtly conflictual), and of interactions that combine elements of both. These began in Antiquity with the Romans in "Ifriqia," continued through the Crusades and the extended period of trade with Italy's Maritime Republics, to the Modern Period of nation formation in both countries, and the imperial ambitions that led to Italy's colonization of Libya from 1911-1943. The post-colonial period was characterized by fluctuating economic relations, political negotiations, and demographic shifts (both Italians continuing to settle and work in Libya, and sub-Saharan migrants arriving to Italy's coasts and shores via Libya) that maintained a close new set of relationships, whether encounters, clashes, or some combination of the two. From the late nineteenth century to the present day — the long twentieth century--these relationships had a significant impact on the national identity and state formation of both Italy and Libya, and continue to impact both nations, and the international relations between them and beyond, entraining other European. North African, African, and American countries, particularly.

This study focusses on the formative nature for both Italy and Libya of those bi-directional impacts, with attention to the pre-colonial, colonial, and post-colonial periods. It engages an interdisciplinary approach that relies on multi-modal primary and secondary sources (including the primary sources embedded within

---

[1] This study benefits from the presentation discussion at the Eighth International Conference on Mediterranean Studies: Encounters and Clashes, in particular from the comments of Professors Simonetta Puleio, Maria Rosaria Vitti, and especially Antonio Vitti. This study also reflects earlier work done at the University of Toronto under the supervision of Professors James Reilly (on Libya), and Jessica Harris (on Italy).

Encounters and Clashes / Incontri e scontri mediterranei (2020)

them)—archival, historical, literary, journalistic, photographic, and cinematographic. It highlights how intersectional notions of race, gender, religion, culture, and citizenship marked Italy's early national identity and state formation, and contributed to Italy's imperial project, then to its colonial and post-colonial national identity, social configurations, and alignments. Inversely, Italian colonization of Libya, and the Libyan and international response to it, led to an incontrovertible delay in the former Ottoman province's development of a national identity and state, and a rebound reaction against colonialism that coloured the later history of that nation, in the immediate, early, and late postcolonial period. In the most recent decades, from the 1990's to today, mass migration of sub-Saharan peoples has been a significant issue for both nations and for their relationships—impacting national identities, creating social challenges, and colouring interstate and international relations.

A NOTE ON HISTORIOGRAPHY

No less significantly, the history of Italian and Libyan encounters and clashes has affected the very historiography of each country—how they study and represent their own history, the availability of archival material, and the possibilities for collaborative scholarship. Although scholars may repeatedly call Italy's colonial project "the last and the least" of the European powers' imperial ambitions and achievements, for roughly sixty-five years (1882-1943)[2] it was a powerful force in the life of the country and its targeted colonies, a force that reverberates today. One could also call scholarship on Italian colonialism "the last and the least," especially in

---

[2] In 1882 the newly unified (1861-1871) nation state of Italy took concrete steps toward realizing an empire, when the Italian commercial outpost at the Port of Assab, Eritrea was made a government sponsored trading colony; and when, on May 20, 1882, it gained the colonial rights to Tripoli and Cyrenaica in a secret alliance with Germany and Austro-Hungary (the Triple Alliance, renewed periodically to 1915), Italy's imperial ambitions ended with the fall of Fascist Italy to the Allies, losing first North Africa (Italian Libya) on May 13, 1943 (giving way to the British Military Administration of Libya), then the mainland, when the government of General Badoglio declared an armistice with the Allies on September 8, 1943 (Benito Mussolini had been overthrown on July 25, 1943).

comparison to British or French colonialism.[3] For instance, the French colonization of Algeria, and Algeria's struggle for independence have been extensively studied, whereas the Italian colonization of Libya--analogous in that both North African territories were considered by the colonizing country as a province of that country, rather than a colony per se—has been largely neglected until recently by both Italianists and Arabists. For Italianists, the colonization of Libya is uncomfortably tied to its shameful Fascist past, a period also neglected by Italian historians until recently, and to the sham of the "*italiani, brava gente*" myth, one reluctant to die.[4] For Arabists, the former colonies of Great Britain and France have drawn considerably more attention, whether due to the prominence of the colonizing powers or of the colonized regions. Notable factors impacting Italian-Libyan colonial studies for both Italianists and Arabists include the poor diplomatic and social relationships between the two countries for most of the post-colonial period, closed archives in both countries, and the more recent conflict within Libya and between Italy and Libya as a departure point for

---

[3] See for example, Ruth Ben-Ghiat's "Introduction" to *Italian Colonialism*, edited by Ruth Ben-Ghiat and Mia Fuller (New York: Palgrave Macmillan, 2005) 1-12. Nicola Labanca has made a more nuanced study of Italian historiography of the colonization of Libya, dividing it into four phases: 1) 1940s-1950s—characterized by nostalgia for the loss of colony, idealized memories of colonization, and the distinction between those with personal colonial experience and those without; 2) 1960s-1970s—characterized by the initial historical studies which were primarily self-justifications of the benefits to Libya of Italian colonization; 3) 1980s—characterized by a turning to more self-critical historical studies, which also resulted in the condemnation of the few willing to do this, notably Angelo Del Boca, *Gli italiani in Libia* (1986); 4) 1990s-today—a burgeoning of Italian, Libyan, and international scholarship from multiple perspectives, disciplines, and approaches, sometimes collaborative. Nicola Labanca, "Fase e tendenze negli studi italiani sulla Libia coloniale," in *La Libia tra Mediterraneo e mondo islamico*, a cura di Federico Cresti (Milano: Dott. A. Giuffrè Editore, 2006) 3-17.

[4] This is the myth that supported the idea of everyday Italians as the "good guys," somewhat bumbling and benign, victims of their Fascist leader and Hitler, unwilling pawns in a war in which they suffered more than created suffering. This myth was useful to both the Italians after their defeat by the Allies, and to the Allies themselves, in rehabilitating the image a former enemy into an ally, during the war and in its aftermath, including the Cold War. Culturally it had rarely been challenged, a notable exception being Giuseppe De Santis' film *Italiani brava gente* (1964). See for example the study of this film by Antonio Vitti, "March On or Die: Italiani brava gente (1964)," in his *Giuseppe De Santis and Postwar Italian Cinema* (Toronto: University of Toronto Press, 1996) 119-132. Academically, the myth has now been explored and exposed, notably by Italian scholar Angelo Del Boca, in his book length study, *Italiani, brava gente? Un mito duro a morire* (Milano: Neri Pozza, 2006).

sub-Saharan African illegal migration to Italian shores. Nonetheless, more recent Italian and Arabist scholarship, that is, from the 1980s forward, has now turned to the Italian colonization of Libya and its consequences from a variety of perspectives and historical approaches and methods.[5]

Within this history and historiography, a particularly neglected topic until even more recently is the racialization that subtended the Italian colonial project, in both Libya and East Africa, with its prototypes in the racialization of north-south relations in Italy, before, during, and after unification, and its parallels with Mussolini's Aryan turn on the peninsula and in the colonies; that is, the racialized nature of the Italian colonization of Libya throughout the colonial period, both Liberal and Fascist, and in the immediate postcolonial period. These socio-cultural underpinnings of Italian colonial policy in Libya marked Italy's desire to occupy and settle Libya as Italy's North African colonial possession, and extended national territory; and, both used and challenged Italian ideas of race, citizenship, and national identity. The somewhat ambiguous status of the Libyan colony as "Italy's Fourth Shore" complicated the negotiation of race, citizenship, and national identity, both Italian and Libyan; and the loss of the colony complicated the Italian national identity of Italian settlers in Libya. In short, the colonization of Libya challenged Italian national identity before, during, and after colonization, as Italy constantly struggled to impose its Roman, Christian, white "superiority" over the Libyans' Ottoman, Muslim, brown "inferiority".

THE PRE-COLONIAL PERIOD (1882-1911) AND THE ITALO-TURKISH WAR (1911-1912)

The modern pre-colonial period of Italian-Libyan relations can be described as ideologic and economic encounters escalating to the military clashes of the Italo-Turkish War. The years 1882 to 1911

---

[5] Labanca's third and fourth phases of Italian scholarship on the colonization of Libya, and in the fourth and future phases including collaboration and exchanges with Libyan scholars. Nicola Labanca, "Fase e tendenze negli studi italiani sulla Libia coloniale," op. cit., 11-13.

were characterized by the Italian Liberal government as "peaceful penetration" of the Ottoman province of Libya[6] through trade, missionary work, and political negotiations, primarily with other European powers about the "scramble for Africa," particularly the French-Italian scramble for North Africa. War broke out between the Kingdom of Italy and the Ottoman Empire on September 29, 1911 when Italy staked its claim to a North African colony with the approval of the Triple Entente powers (Russia, Great Britain and France). This war pitted Italian forces against Ottoman and Ottoman-Libyan ones.

Before its colonization of Libya, Italy was a new nation-state seeking international status alongside older nations like Britain and France, including by imitating their imperial ambitions.[7] In 1882, during the Liberal era (1861-1922) governance of the Kingdom of Italy (a constitutional monarchy), the Italian nation state took concrete steps toward realizing an empire, when the Italian commercial outpost at the Port of Assab, Eritrea was made a government sponsored trading colony; and when, on May 20, 1882, it gained the colonial rights to Tripoli and Cyrenaica in a secret alliance with Germany and Austro-Hungary (the Triple Alliance, renewed periodically to 1915). Italy's claim to Libya. and the actual invasion in 1911 were precipitated by a combination of nationalism as imperialism, and a series of late nineteenth and early twentieth agreements among European Powers on dividing the Ottoman Empire and Africa.

These manoeuvres of the nation-state were grounded in nineteenth and twentieth century racial ideologies of the superiority of

---

[6] Libya was a province of the Ottoman Empire from 1551-1911. As such it benefitted from its peripheral status, which gave local governance freer reign, and from the Tanzimat Reforms (1839-1869) that eventually saw the appointment of local notables to Ottoman governing councils. Moreover, the judicial and educational systems benefitted from their harmony with Islamic legal and educational traditions and institutions of both the province and the empire.

[7] See, for example: Massimo Baioni, "Anniversaries and the Public Uses of the Risorgimento in Twentieth-Century Italy," translated by Martin Thom, *Journal of Modern European History*, 9, 3 (2011): 397-415; Mark I. Choate, "From territorial to ethnographic colonies and back again: the politics of Italian expansion, 1890-1912," *Modern Italy*, 8, 1 (2003): 65-75; Silvana Patriarca and Valeria Deplano, "Nation, 'race,' and racisms in twentieth-century Italy," *Modern Italy*, 23, 4 (2018): 349-353; and, Simona Troilo, "'A gust of cleansing wind': Italian archaeology on Rhodes and in Libya in the early years of occupation (1911-1914)," *Journal of Modern Italian Studies*, 17, 1 (2012): 45-69.

white European races over other peoples and races.[8] Pseudo-scientific "proofs" of racial superiority based on cranial studies, notably those of Cesare Lombroso, aided in the establishment and application of racial hierarchies from north to south Europe, then north to south Italy, and finally to the Mediterranean's north shore, Italy, over its south shore, Libya.[9] Through complex ideological gymnastics constructing all Italians as a Mediterranean-Aryan race,[10] white Italians became higher racially than non-white Libyans, whether Arab, Berber, or Jew.

The national identity of Italians at the time was predicated not only on racial but on religious superiority. From the beginning, the Italian invasion and occupation of Libya were couched by the government and the nationalist press as a "re-taking" of the Roman province of *Ifriqia*, a Christian Roman reclamation of (Ottoman) Muslim territory, with most Libyans siding with the Ottomans over the Italians. This religious "re-possession" was met with religious resistance, particularly from the Sufi Sanusi order in Eastern Libya (Cyrenaica), but also from Muslim Libyans generally.[11] In contrast, Jewish merchants based in Libya were more likely, though not uniquely, to favour their European trading partners, including the Italians.[12]

---

[8] A number of scholars have now addressed these issues of race, nation (identity and state), and empire in relation to Italian colonization, notably: Claudia Gazzini and Bendetta Borello, "«Saranno rispettati come per il passato»: la politica coloniale italiana e le fondazioni pie in Libia," *Quaderni storici*, 44, 132 (3), (2009): 653-685; Jennifer Illuzzi, "Reimagining the Nation: Gendered Images of Italy and the Italo-Turkish War of 1911–12," *Gender & History*, 30, 2 (2018): 423–441; Aristotle A. Kallis, "Expansionism in Italy and Germany between Unification and the First World War: On the Ideological and Political Origins of Fascist Expansionism," *European History Quarterly*, 28, 4 (1998): 435-60; and, Simona Troilo, "'A gust of cleansing wind': Italian archaeology on Rhodes and in Libya in the early years of occupation (1911–1914)," loc. cit.

[9] Among the scholars of Italian national identity and this push further south of the racialization of colonization are Ingrid Tere Powell, "Managing Colonial Recollections: Italian–Libyan Contentions," *interventions*, 17, 3 (2015): 452–467; and, Lorenzo Veracini, "Italian Colonialism through a Settler Colonial Studies Lens," Journal of *Colonialism and Colonial History*, 19, 3 (2018): 1-29.

[10] See for example, Fabrizio De Donno, "La Razza Ario-Mediterranea: Ideas of Race and Citizenship in Colonial and Fascist Italy, 1885-1941," *interventions*, 8, (2006): 394-412.

[11] Eileen Ryan, *Religion as Resistance: Negotiating Authority in Italian Libya* (Oxford: Oxford University Press, 2018) 1-15.

[12] Jewish middlemen like urban notables, compradores, and merchants, already tied to the Bank of Rome by the late 19th century, were more likely to collaborate rather than resist those

Also, from the beginning, the conflation of race and religion was marked by gender. Combatants on both sides were primarily male, as were the Libyan political prisoners, executed, and deportees.[13] However, the indiscriminate use of aerial bombardment, of violent reprisals against civilian populations, scorched earth tactics, concentration camps, and genocide affected both genders of all ages.[14] Women and the aged disproportionately ensured the survival of offspring and families in the absence of younger men.[15] Libyans were superfluous and expendable[16] in the quest for a place to settle impoverished, land-poor Italians in a formal, controlled colony, rather than by a continuing exodus to informal "colonies" in Europe, North and South America. Combined with the Italians' attitude of racial superiority, the inconvenience of the Libyan population for Italian settler colonialism made the step to genocidal tactics a short one.

Race and gender were also a prominent feature of the formation of male colonial indigenous troops under Italian commanders for the "pacification" of Libya and the Italian conquest of East Africa. Indigenous troops form both regions were forced to fight their own people and the other peoples of Italy's colonial project in North and East Africa. In Libya the most prominent were the *askari* or infantry.

---

who best served their commercial interests, the Italians. Ali Abdullatif Ahmida, *Forgotten Voices: Power and Agency in Colonial and Postcolonial Libya* (New York: Routledge, 2005) 27-29.
[13] On deportation as a tactic of both the Liberals and the Fascists, see Francesca Di Pasquale, "The 'Other' at Home: Deportation and Transportation of Libyans to Italy During the Colonial Era (1911–1943)". *IRSH*, 63 (2018): 211–231.
[14] A recent remarkable book documents the war from the archival materials of a French correspondent, Gaston Chérau: Pierre Schill, *Réveiller l'archive d'une guerre colonial: photographies et écrits de Gaston Chérau, correspondant de guerre lors du conflit italo-turc pour la Libye (1911-1912)* (Paris: Creaphis Editions, 2018).
[15] While Libyan women were used by colonial troops, the more highly elaborated use of East African prostitutes, concubines, and madamismo was not as prevalent. For example, Libyan women are disproportionately much less represented than Eritreans and Somalis (3:11 references) in the book *Sexe, race et colonies: La domination des corps du XVe siècle à nos jours*, editorial collaboration co-ordinated by Emmanuelle Collignon (Paris: Éditions de la Découverte, 2018) 174, 216, 229,276-8, 283, 312, 319, 321-2.
[16] Giovanna Tomasello is most explicit regarding the indigenous population being "superfluous" and "expendable," "superflua" and "eliminabile," given Italy's need and desire to settle its own poor in Libya. Giovanna Tomasello, *L'Africa tra mito e realtà: Storia della letteratura coloniale italiana* (Palermo: Sellerio editore, 2004) 53-54.

Less well known, and less referenced, were the *savari*, native Libyan cavalry under Italian command, and *meharisti*, native Libyan troops mounted on dromedaries, also under Italian command. Tribal leaders committed their men to the colonial forces' irregulars for a variety of reasons--battles lost to the Italians, protection from the French encroaching from Algeria, alliance against a rival tribe — often temporarily and ambivalently.[17]

Italy's conquest of Libya (September 1911-October 1912) resulted in the First Treaty of Lausanne, or Treaty of Ouchy (October 18, 1912). It recognized Italy's control of the former Ottoman Libyan provinces--Tripolitania, Cyrenaica, and the Fezzan. This ostensible conclusion shifted control of the territory of the Ottoman province of Libya to the Italians, with a proviso for the protection of religion, religious law, and education through the function of the Islamic Libyan *qadis* (judges).[18] However, the treaty was less an end than a beginning of a new period of encounters and clashes, this time between Italians and Libyans, rather that Italians and Ottoman or Ottoman-Libyan troops. Libyan regional armed resistance was fierce, particularly in Cyrenaica, but also in Tripolitania and the Fezzan,[19] such that Italy in fact had little control or presence except in the main coastal cities of Tripoli and Benghazi. The Italians may have defeated the Ottomans, but the Italians would keep battling major tribal resistance until the 1932 capture and hanging of the Sanusi leader Omar al-Mukhtar--twenty-one years of trying to take and hold "their" colonial territory.[20]

---

[17] Angelo del Boca, *La disfatta di Gasr bu Hàdi: 1915: Il Colonnello Miani e il più grande disastro dell'Italia coloniale* (Milano: Mondadori, 2004), 11, 65.

[18] This system was eroded by encroaching Italian control over the appointment of the qadis, and ultimately resulted in a severe weakening of the legal protection of Libyans and any form of education for them, as elaborated below.

[19] Angelo del Boca has published a book-length study of the less often addressed resistance in Tripolitania especially, but also in the Fezzan, *A un passo dalla forca: Atrocità e infamie dell'occupazione italiana della Libia nelle memorie del patriota Mohamed Fekini* (Milano: Baldini, Castoldi Dalai editore, 2007), translated by Antony Shugaar as *Mohamed Fekini and the Fight to Free Libya*, with an introduction by Ruth Ben-Ghiat (New York: Palgrave Macmillan, 2011).

[20] The impact of this period on Libyan history, identity, and historiography is encapsulated in Libyan scholar Ali Abdullatif Ahmida's dedication to his book *The Making of Modern Libya: State Formation, Colonization, and Resistance, Second Edition* (Albany: SUNY Press, 2009) "To the memory of my grandfather, Ali, who fought against Italian colonialism and told me his

THE COLONIAL PERIOD: LIBERAL (1911-1922) AND FASCIST (1922-1943)

The diverse modalities of the Libyan responses to Italian colonization, demonstrate the complex intersections of encounters and clashes: refusal--whether fight or flight, that is, armed resistance or exile; unarmed resistance; rapprochement or collaboration (active or passive engagement on the side of the colonizer); resilience (survival, persistence of socio-cultural norms), including accommodation (forms of adaptation to incontrovertible circumstances); and, rebound, in reaction to the release from Italian colonization. Without denying Libyan agency, these responses are understood in relation to Italian strategies of colonization, existing in an interactive dynamic between colonized and colonizer; and, understood as blurring into one another in terms of categorization as well as perpetrated possibly by the same actors, simultaneously or over time.

In terms of the Libyan refusal of Italian colonization, the best known and best studied armed rebellion against Italian colonization is the Sanusi movement in Cyrenaica. Although the Italians initially fought the Ottomans and their Libyan allies (Italo-Turkish War, 1911-12), the persistent actions and successes of the Sanusi meant that effectively the Italians were repeatedly militarily invading and occupying Libya from 1911-31 when the September 11 capture and September 16 public hanging of the guerilla leader Omar al-Mukhtar, broke the Libyan resistance, and allowed the Italians to penetrate further than the coastline. That the Sanusiyya responded so effectively to the challenge of Italian colonization reflects their longstanding organizational structure and confederation of major Cyrenaican tribes. Yet, it remained a regional rather than a fully national response.[21]

---

life story when I was a child; to the memory of my grandmother, Aysha, who died in exile in northern Chad before I was born; to that generation of Libyans who fought for freedom and human dignity, I dedicate this book."

[21] The regional rather than national nature of this military response extended to the political response of the Sanusi, whose goal in attempting to defeat the Italians was the establishment of a self-governing Sanusi state based in Cyrenaica, a political goal that carried over into their attitude toward independence following the defeat of the Italians by the Allies, as elaborated by Anna Baldinetti who describes how the Cyrenaican and Tripolitanian movements toward

Similarly, the military resistance in Tripolitania was a regional refusal of Italian colonization in the western part of Libya. Though less well known and studied, Mohamed Fekini, a notable tribal leader in both Tripolitania and the Fezzan, mounted a significant armed rebellion against Italian colonization, initially on the side of the Ottomans, then later as part of the Libyan insurrections (1914-15) against the Liberal Italian government, and afterward as part of the Libyan resistance against the Fascist reconquest of Libya, from 1922 on. Despite serious rivalries with other Western tribes, notably with his nemesis Suleiman al-Baruni,[22] Fekini's military efforts against the Italians held off full pacification of the non-coastal regions long after it was declared in 1923 by the Fascist Italian government. Though suffering great losses and deprivations, he held the Italians at bay in Western Libya until 1930, when he was forced into exile across the Algerian border (at the age of 75).

Indeed, exile, often self-imposed, and part of traditional nomadic migrations across proximal regional boundaries and borders, was another Libyan response to Italian occupation and colonial policy — at times as an attempt to regroup military or political resistance. Italian Arabist Anna Baldinetti has done the initial, and to date definitive, study of the exilic response to Italian colonization.[23] In the process, she has shown how it failed to produce an effective national consciousness and nation-wide political movement either during or after the end of Italian colonialism in Libya. Her core contribution is to show how Italian colonialism (1912-1943) triggered successive exilic movements from each region, to adjacent territories and countries, then often on to other countries;[24] and, how the fluctuating policies of colonization repeatedly allowed exiles to return, then to exile

---

political independence developed and remained distinct. Anna Baldinetti, *The Origins of the Libyan Nation: Colonial legacy, exile and the emergence of a new nation-state* (New York: Routledge, 2010) 135-137.

[22] To whom Angelo del Boca devotes a chapter in his book, "Lo scontro con Suleiman el-Baruni," *A un passo dalla forca*, 46-56; included in the translation, "The Clash with Suleiman el-Baruni," *Mohamed Fekini and the Fight to Free Libya*, 31-36.

[23] Anna Baldinetti, *The Origins of the Libyan Nation: Colonial legacy, exile and the emergence of a new nation-state* (New York: Routledge, 2010).

[24] Baldinetti, *Origins*, 1-7.

themselves again, along with new exiles.[25] Thus, Libyan exiles followed a non-linear trajectory, moving from one Mediterranean country to another with intermittent returns to their Libyan regional homelands as determined by fluctuations in Italian colonial policy. For Baldinetti, these two main peripatetic patterns, traditional and colonial, contributed significantly to the nature of the development of Libyan nationalist independence movements in exile, and to the specific challenges they met in trying to form a nation-state at the end of World War II.

Much as many Libyan exiles moved in and out of their regions based on changing Italian colonial policy and their traditional roles and patterns, some of those Libyans who followed a policy of rapprochement or collaboration with the Italians did so based on overtures and compromises with the Italians, which could then change and re-make "collaborationists" into rebels or exiles. Mohamed Fekini[26] and the better known, more prominent Idris al-Sanusi are examples of those who alternately collaborated and resisted, whether seeking Libyan freedom as in the case of Fekini, or individual power in the case of Idris.[27] The shift from the Liberal Era policies of colonization which allowed for some flexibility and negotiation contributed to these fluctuations. However, the intransigence of the Fascists led to both a new policy, and greater entrenchment on both sides. Some Libyans who had adopted positions within the Liberal Era regime, were forced out or opted out when the Fascists overturned the relative plasticity of their predecessors, in favour of subjugation by all means necessary without negotiation about power structures.[28]

---

[25] Baldinetti, *Origins*, 62-68.

[26] Del Boca, *A un passo dalla forca*, 229-35; *Mohamed Fekini and the Fight for Libya*, 151-155.

[27] See for example, Lisa Anderson, "'They Defeated Us All': International Interests, Local Politics, and Contested Sovereignty in Libya". *Middle East Journal*, 71, 2 (2017), 229-247, particularly page 234-238; Stephen Blackwell, "Saving the King: Anglo-American Strategy and British Counter-Subversion Operations in Libya, 1953-59". *Middle Eastern Studies*, 39, 1 (2003), 1-18; and Todd Thompson, "Covert Operations, British Views of Islam and Anglo-Sanusi Relations in North Africa, 1940–45". *The Journal of Imperial and Commonwealth History*, 37, 2 (2009), 293–323.

[28] Atrocities were committed by both the Liberals and the Fascists in the name of colonization, however, the more rigid racial divisions of the Fascists and their unwillingness to

The issue of collaboration is a difficult one, not only for these instances of rational collaboration until interests change and rapprochement becomes rebellion and exile or death, but for the questions of how voluntary collaboration is, what is the degree of belief in and adherence to the colonizers' cause, and how much is based on necessary strategies until there is a different opportunity for survival. These questions are more readily analyzed for prominent, educated figures who have left a record, or whose actions were recorded by the colonizers, as for Fekini and Idris al-Sanusi, but remain elusive for understanding the motivations and degree of true engagement by the uneducated, undifferentiated populace.

The most prominent example would be the *askari*, native Libyan troops under Italian commanders for service in Libya and East Africa. Less well known, and less referenced are the *savari*, native Libyan cavalry under Italian command, and *meharisti*, native Libyan troops mounted on dromedaries, also under Italian command. Nonetheless, it is clear that certain tribal leaders agreed to service for themselves and their men as a result of battles lost to the Italians, as did sheikh Saad ben Gialgam, head of the Megarha tribe, after the battle of Eschida (December 15, 1913).[29] Others, like a number of Tuareg chiefs, agreed to offer security to pro-Italian caravans in exchange for protection from the French, seeking them for their raids into French Algeria.[30] Still others, like Ramadan el-Suwehli, after fighting the Italians in 1911-1912 lent their Libyan irregulars to Italian service, how ever temporarily.[31] The ambiguity of the commitment of these Italian-commanded Libyan military units is best demonstrated by their actions in turning against their Italian commanders at the Battle of Gasr bu Hadi (April 29, 1915) — the greatest defeat for the Italians in Libya, and the greatest in the

---

compromise with Libyan leaders marked them as distinct, and ultimately more ruthless. They were also the only totalitarian colonial power trying to replicate their totalitarianism in their colonies.

[29] Angelo del Boca, *La disfatta di Gasr bu Hàdi: 1915: Il Colonnello Miani e il più grande disastro dell'Italia coloniale* (Milano: Mondadori, 2004), 65.

[30] Ibid.

[31] Del Boca, *La disfatta*, 11.

Italian colonies since Adwa (March 1, 1896), the famous battle of the attempted and failed occupation of Ethiopia.[32]

Whatever their responses to Italian colonization, those Libyans who survived Italian colonization adapted to preserve their lives and their identities, familial, local, regional, religious.[33] Beyond the family unit, resilience would often require a certain level of accommodation to the new realities, whether that were to re-establishing their family lives in regions of displacement, availing oneself of educational opportunities, Muslim or Italian, however limited, or work together with Italian settler colonialists in farm communities, where agricultural survival often necessitated co-operative endeavours.[34] In other words, making the best of encounters as a way of surviving the clashes.

Throughout the Liberal (1911-1922) and Fascist (1922-1943) eras of the Italian occupation and colonization of Libya, settler colonialism of a very specific type was the predominant mode of colonization. Italy uniquely sought to displace and replace the local population with its own surplus people, rather than to follow the usual pattern of seeking to use the local population as labour to provide raw materials to the metropole.[35] Particularly under the Fascists

---

[32] Angelo del Boca has dedicated a book to this battle, *La disfatta di Gasr bu Hàdi: 1915: Il Colonnello Miani e il più grande disastro dell'Italia coloniale* (Milano: Mondadori, 2004), giving it due weight, whereas most Italian colonial histories emphasize Aduwa as the greatest defeat of the Italians.

[33] Here, the as yet unstudied role of women leading their families in the absence of men imprisoned or killed, ensuring the survival of their children, while passing on their family histories, religion, and cultural norms, would be a topic of great relevance to expand current knowledge of modes of resilience.

[34] While most research on Libyan agriculture during the colonial era focuses on land confiscations by the Italians, displacement of Libyan farmers to agriculturally poor areas, and the use of Italian settler colonialism to both subjugate the Libyans demographically and economically, and to mitigate poverty among peasants in Italy, primarily but not only in the South,[34] there would also be value in expanding research on the co-existence and relations of Italian and Libyan farmers--as described, for example, in the memoir of one child of impoverished Italian peasant immigrants to Libya, Vittorio Palumbo in his, *Italian Days, Arabian Nights: Coming of Age in the Shadow of Mussolini* (Newton, MA: Story Trust Publishing, 2011).

[35] Lorenzo Veracini elaborates on the specificity of Italian "settler colonialism," with its unique preoccupation with its own "overabundance" of labour, making the primary impulse for colonialization the organized exportation of its own labour surplus, though the quest for international prestige was the more acceptable overt claim. "Italian Colonialism through a Settler Colonial Studies Lens," op. cit. 1-3.

this policy of attempting to relieve southern Italian poverty, land-less peasantry, and unemployment by mass displacement to a for-mal Italian colony, rather than the ongoing exodus to informal "col-onies" in North and South America, as well as northern Italy and northern Europe, was escalated. At the same time, the Italians sought to pacify Libyan nomads and semi-nomads by encouraging them to take up farming, albeit on less desirable lands. During the Fascist era, the racialization of land ownership, settlement, and ad-ministration begun in the Liberal Era was escalated and exacer-bated, and increasingly so as Fascism took on more overt racial pol-icies at home and in the colonies. Thus, the Italians sought to pacify Libyan nomads and semi-nomads by forced internal deportation or potentially rebellious tribes,[36] but also by encouraging them to take up farming, albeit on less desirable lands.

Neither policy was particularly successful, during the Liberal or the Fascist era. As Anderson points out, writing on the Liberal Era, the Italian administrative policy of confiscating lands, and al-lowing corruption by their appointed qadis, responsible for taxa-tion, as well as scorched earth tactics, concentration camps, depor-tations, and notably, their exclusion of Libyans from their admin-istration, left Libyans, particularly rural ones, impoverished and begging for Italian government assistance.[37] Though some poor Italians did accept the enticement to take up land offers in Libya, they were relatively few in number. The Fascist plan to create model communities with, pre-built and pre-furnished housing, a school and a church did not so much produce model happy, as over-controlled, struggling communities. In actual fact, neither the Italian government nor its transplanted farmers could do without Libyan labour. Italian children and adolescents were repatriated to Fascist schools or the military, removing them both from work at

---

[36] See, for example, Sandra Ponzanesi's review of this strategy in her, "Connecting Shores: Libya's Colonial Ghost and Europe's Migrant Crisis in Colonial and Postcolonial Cinematic Rep-resentations," in *Border Lampedusa: Subjectivity, Visibility and Memory in Stories of Sea and Land*, edited by Gabriele Proglio and Laura Odasso (London: Palgrave Macmillan, 2018) 119-135..

[37] Lisa Anderson, *The State and Social Transformation in Tunisia and Libya, 1820-1980* (Princeton, NJ: Princeton University Press, 1986) 114-121, 125-131.

the family farm and schooling in the settler communities. As a means of survival, Italian and Libyan peasants collaborated in their farm labours.[38] Significant Libyan armed resistance continued. The totalitarian regime's desire for, and claim of, total control was an illusion.[39]

During the Liberal Era of Italian colonialism, the state adopted a pro-Islamic Catholic nationalist policy, impacting religious, judicial, and educational institutions in the Libyan colony.[40] Despite promises made in the Treaty of Ouchy (First Treaty of Lausanne, October 18, 1912) to allow an independent Muslim judiciary, one responsible not only for judicial matters but also education, in practice, the Italians controlled the appointments of the qadis, and curtailed their jurisdiction, almost eliminating Quranic schooling while preventing Libyans from receiving anything but a substandard three years of Italian-language schooling. A minority of elite Libyans who availed themselves of Italian education were even able to access higher Italian education that they ultimately put to use against the colonizers.[41]

Many Libyans resisted Italian colonialism by not attending, or not sending their children to Italian schools, in favour of home or local education, for example to read and write, and to learn tribal, and regional history. Libyan scholar Mohamed Taher Jerary has also given explications for the refusal by Libyans to attend Italian schools based on the conditions in the schools, the curriculum, and religious bias, with statistical support to document this. He specifically laments that during the Italian occupation this colonial

---

[38] As Vittorio Palumbo describes in his memoir, both as a child in Libya, on his return as an adolescent after the war, and on his later life return to visit his Libyan home region, and reuniting with childhood Libyan friends. Vittorio Palumbo, *Italian Days, Arabian Nights*, op. cit.

[39] Lorenzo Veracini makes this argument regarding farm labour convincingly in his, "Italian Colonialism through a Settler Colonial Studies Lens," op. cit.

[40] This was done with the hope of bringing Idris al-Sanusi onside as a pro-Italian ruler by proxy for the colonialists. However, there was much resistance to this among the Sanusi which led the failure and the abandonment of that particular pro-Islamic Catholic nationalist policy.

[41] As, for example, did Ali Nourredine Fekini, initially against the Italians and later for Idris I. Del Boca, *A un passo dalla forca*, 237-240, 248-252; *Mohamed Fekini and the Fight for Libya*, 156-158, 161-164.

education policy and the reaction to it limited the development of a Libyan cadre of educated professionals, let alone an intelligentsia who, in the absence of the exiled leadership, would be capable of mobilizing national and international resistance to the Italian occupation, fulfilling a main aim of colonial educational policy to limit the capacity for resistance and rebellion.[42] Similarly, Italy's racialized citizenship policy was used not only to privilege (white) Italians, but at various times to quell rebellion, and encourage collaboration, by offering Libyans a form of "second class" citizenship the Fundamental Laws (1919) under the Liberals, or an "easing" of reprisals against Libyans by the Fascists (1935).[43]

Culture and the arts may seem to be realms of relatively peaceful encounter, but were predicated on oppressive and repressive military and social actions that problematized any encounter as a signifier of potential for an overt clash. Racialized colonial ideology and policies were driven and supported by multiple forms of cultural expression[44]—literary, journalistic, photographic, artistic, graphic (posters), architectural, musical, [45] cinematographic. This was true of the Liberal era, and increasingly throughout the Fascist era, as the government extended its overt control into the media and the arts. As an example, a relatively recent art, photography-- in journalism, military documentation, and personal souvenirs-- along with the budding graphic arts (including posters and book covers) were racialized, gendered, and sexualized, served frank

---

[42] Mohamed Taher Jerary, "The Libyan Cultural Resistance to Italian Colonization: the Consequences of Denying the Values of Others," in *Modern and Contemporary Libya: Sources and Historiographies,* edited by Anna Baldinetti (Roma: Istituto italiano per l'Africa e l'Oriente, 2003) 17-21.

[43] Anna Baldinetti, *The Origins of the Libyan Nation: Colonial legacy, exile and the emergence of a new nation-state,* op. cit., 44, 65.

[44] Jacqueline Andall and Derek Duncan, "Memories and Legacies of Italian Colonialism" in in *Italian Colonialism: Legacy and Memory,* edited by Jacqueline Andall and Derek Duncan (Bern: Peter Lang, 2005) 12-13.

[45] For example, Matteo Brera elucidates the role of song in both the colonial enterprise of the Liberal and Fascist eras, and in the promotion of both Fascism and anti-Fascism in his, "Inni di sdegno, inni d'amore: retorica patriottica e civile in 150 anni di canto popolare italiano," in *Lingua e identità a 150 anni dall'Unità d'Italia,* a cura di Matteo Brera e Carlo Pirozzi (Firenze: Franco Cesati Editore, 2012) 187-193.

propaganda purposes, advertised colonial products, and represented a "desirable" life in the colonies.[46]

Another well-known and well-studied example relates to the Fascist regime's progressive inroads into the relatively new art of cinema, eventually creating the school, *Centro sperimentale di cinematografia* (1935), and the famous *Cinecittà* studios (1937), both under the *Ministero della Cultura Popolare* (established and consolidated 1922, 1935, 1937). Ruth Ben-Ghiat has investigated the relationship between cinema and Fascist empire building, including messaging for Italians and their colonial subjects,[47] while Marie-France Courriel has specifically addressed the conflation in the mid-Fascist era (1935-1939) of documentary with fiction through realist strategies.[48] Angela dalla Vacche has recently turned her attention to the colonial responses to very early silent cinema (corresponding to the Liberal Era), for example the short silent film, *Tripoli* (1910).[49]

Modernism was an aesthetic movement politically engaged on the side of the colonizers, against the "backwardness" of the colonials.[50] This was particularly true of Italian colonial architecture,

---

[46] See for example Deplano, Valeria. *L'Africa in casa: Propaganda e cultura coloniale nell'Italia fascista*. Firenze: Mondadori, 2017; as well as, *Sexe, race et colonies: La domination des corps du XVe siècle à nos jours*, loc. cit.

[47] Particularly in her works, "The Italian Colonial Cinema: Agendas and Audiences". *Modern Italy*, 8, 1 (2003): 49–63; and, *Italian Fascism's Empire Cinema*. Bloomington: Indiana University Press, 2015.

[48] Marie-France Courriol, "Documentary Strategies and Aspects of Realism in Italian Colonial Cinema (1935-1939)," *The Italianist*, 34, 2 (2014): 122-141.

[49] Angela dalle Vacche, Goggio Lecture: "From Constantinople to Tripoli: The Image is Moving," University of Toronto Department of Italian Studies, Thursday, November 22, 2018, 4:00 pm – 6:00 pm. [Unpublished]

[50] See for example, Walter Adamson, "Avant-garde modernism and Italian Fascism: cultural politics in the era of Mussolini," *Journal of Modern Italian Studies*, 6, 3 (2001): 230-248; Ruth Ben-Ghiat, "Italy and its Colonies: Introduction," in *A Historical Companion to Postcolonial Literatures – Continental Europe and its Empires*, edited by Prem Poddar, Rajeev S. Patke, and Lars Jensen (Edinburgh: Edinburgh University Press, 2008) 263-267, and "Modernity Is Just Over There: Colonialism and Italian National Identity". *interventions*, 8, 3 (2006): 380-393; Mia Fuller, *Moderns Abroad: Architecture, Cities and Italian Imperialism* (New York: Routledge, 2007); Rose Parfitt, "Fascism, Imperialism and International Law: An Arch Met a Motorway and the Rest is History...". *Leiden Journal of International Law*, 31 (2018): 509–538; Giovanna Tomasello, *L'Africa tra mito e realtà: Storia della letteratura coloniale italiana* (Palermo: Sellerio editore, 2004), and *Letteratura coloniale italiana dalle avanguardie al fascismo* (Palermo: Sellerio editore, 1984); and Krystyna Von Henneberg, "Imperial Uncertainties: Architectural Syncretism and Improvisation in Fascist Colonial Libya," *Journal of Contemporary History*, 31 (1996): 373-395.

where imposing, austere, monumental style buildings served to loom over the Libyan populace, as constant reminders of the dominance and power of the colonizers. Moreover, Modernist colonial architecture was designed to segregate the urban populations by race. Yet, like other aspects of Italian colonialism, this architectural attempt at total control over the colonized proved illusory, as Mia Fuller demonstrates--even in the Fascist's prized modern architectural feats in Tripoli, specifically designed to segregate Italian and Libyan populations, who both nonetheless defied segregation.[51]

The Modernist literary aesthetic was also engaged on the side of the Italian colonizer. The modern Gabriele D'Annunzio and the futurist Filippo Tommaso Marinetti are but two of the best known examples of literary figures writing on the colonies.[52] More broadly, "colonial literature," literature set in or dealing with the colonies, maintained the racialized, gendered, and sexualized dichotomies of colonial ideology in escapist as well as high brow fare.[53] Indeed, popular forms of colonial fiction abounded.[54] The book covers of both high literary and popular culture novels--marrying literature, graphic design, and Modern art--illustrate the ideologies, titles, and esthetics of colonialism.[55] The racial divisions of colonization racialized not only colonial culture. but culture itself.

In reaction to the racialization of colonial culture, through the Italianization of the Libyan landscape, cityscapes, education, publication, art, photography, song, that is, all mainstream forms of cultural production, Libyan cultural resistance took the forms of preserving traditional crafts, art, and poetry, but also of creating new poetry to record and share patriotic responses, even in the face of

---

[51] Mia Fuller, *Moderns Abroad: Architecture, Cities and Italian Imperialism* (New York: Routledge, 2007) 151-170.

[52] Tomasello devotes a chapter to each writer, op. cit., 25-38, 39-50.

[53] Giovanna Tomasello analyzes the trajectory of Italian colonial literature pre-, during, and post-Fascism, with appended documents from the era, in her *Letteratura coloniale italiana dalle avanguardie al fascismo* (Palermo: Sellerio editore, 2004).

[54] Popular Italian literature of the Fascist colonial period is the primary subject of *I bestseller del ventennio: Il regime e il libro di massa*, edited by Gigliola Fe Donato and Vanna Gazzola Stacchini (Roma: Editori Riuniti, 1991).

[55] See for example, the colour plates of the remarkable insert in *I bestseller*, "Il ventennio in copertina," introduced and edited by Ermanno Detti,

imprisonment and deportation. [56] Written works by already established, now incarcerated poets, male and female, were paralleled by oral poetic testimonies.

Libyan scholar Ali Abdullatif Ahmida writes eloquently of the role of folk poetry and oral testimony in the preservation of Libyan culture under colonization, and in establishing a record of the genocide from the Libyan perspective.[57] He remarks particularly on the poetry of "the most outstanding poet of the period, Rajab Hamad Buhwaish al-Minifi, who was interned in the Agaila camp and wrote the famous epic poem "Ma Bi Marad" (I have no ill except al-Agaila concentration camp)[58] on his imprisonment and the deprivations and degradations suffered by all Libyan prisoners.[59] He also particularly singles out Fatima 'Uthamn's poem "Kharabin Ya Watan" (My homeland ruined twice), among the female poets and poems he discovered.[60] Italian scholar Angelo del Boca, in his biography of Mohamed Fekini, includes the translated poetry of Fekini's son, Ali Nourredine Fekini, particularly on the trauma of exile, the death of his sister Aicha, and the death of his father.[61] All of these poems and testimonies[62] provide a document of Italian actions as well as inspirations for other resisters at the time, and evidence of resilience even when confined by the enemy.

THE POST-COLONIAL PERIOD (1943-2011)

A. IMMEDIATE POST-ITALIAN COLONIAL PERIOD (BRITISH MILITARY ADMINISTRATION, 1943-45)

Italy's empire ended with the fall of Fascist Italy to the Allies, leaving the fate of its colony not in Italian or Libyan hands, but in

---

[56] Ali Abdullatif Ahmida, *Forgotten Voices,* op. cit., 46-65.

[57] Ahmida, ibid.

[58] Ahmida, Op. cit., 46-47.

[59] Ahmida quotes extensively from this poem in English translation, *Forgotten Voices,* 49-52; and intercurrently cites from the oral testimonies of others, before concluding with a personal statement about his grandparents' experiences and his efforts to keep their testimonies known, 53-54.

[60] Ahmida, *Forgotten Voices,* 53.

[61] Del Boca, *A un passo dalla forca,* 219-220, 249-251; *Mohamed Fekini and the Fight to Free Libya,* 143-144, 162-163.

[62] Now collected by the Centre of Libyan Studies in Tripoli.

that of the British, and their post-WWII international coalitions, including within the United Nations. Only in 1948 did Italy gain a new republican structure and constitution that determined equal rights, but for Italian citizens exclusively. All the while, Italy, still concerned about its national and imperial profile, was campaigning to get its colonies back, arguing that it had provided the best government for them, and would do so again.[63] Unlike Great Britain and France, Italy did not experience an influx of former colonial subjects, and especially not from Libya. Even today, Libyans have not migrated *en masse* to Italy, whereas a number of subjects of former French North African colonies have, along with some from the former Italian East African colony. The latter, however, face marked difficulties in obtaining Italian citizenship, including for their children born in Italy.

In marked contrast, long after the 1943 loss of Libya to the British, Italian citizens who had migrated to Libya previously, or been born there to Italian migrants, and new Italian migrants sought to return to, or establish themselves in, Libya. Italians who found themselves on the peninsula at the end of the war requested to return to the former colonies, including Libya, to rejoin loved ones left behind, their possessions, their homes, their land — even as Italians incarcerated in Libya (and other former colonies) applied to return.[64] Pamela Ballinger describes the long and non-linear process of the Italian decolonization of Libya,[65] as a process of repeat departures from, returns to, and new arrivals of Italian settlers in Libya even after WWII.[66] Only in 1970, with Gaddafi's confiscation of Italian (and Jewish) assets and expulsion of (12,000) Italians (and also Jews) did this pattern cease.[67]

---

[63] Powell, op. cit., 459.
[64] Pamela Ballinger, "Colonial Twilight: Italian Settlers and the Long Decolonization of Libya". *Journal of Contemporary History*, 5, 4 (2016): 720-21.
[65] Lisa Anderson describes the period as "after Independence" rather than a true "decolonization" of Libya. Lisa Anderson, "Divided Sovereignty and Competing States," in her *The State and Social Transformation in Tunisia and Libya, 1820-1980*, op. cit., 251-269.
[66] Ballinger, "Colonial Twilight: Italian Settlers and the Long Decolonization of Libya," op. cit., 813-838.
[67] Gaddafi created a special law to this effect on July 21, 1970 with a deadline of October 7, 1970 calling it revenge for Italian colonial repression and failure to make reparations,

Ballinger also analyzes the impact of Italian repatriation from the colonies on the identity and state formation of Italy, especially on the long-term post-Unification projects of defining "Italianness" and "making Italians," processes complicated after WWII by the legacy of Fascism and its defeat.[68] The Italians being repatriated from Libya, like those from East Africa, the Dodecanese, and Albania, held Italian citizenship but were displaced from former territories as Italy itself was challenged economically, politically, ideologically, and demographically by the losses of war, and the reintegration of returning prisoners of war. The repatriates bore a double stigma, that of former colonialists in an era when colonialism was being globally repudiated, and that of the embodiment of Fascist policies.[69] Much like the later French "pieds noirs" returning from Algeria, they were neither wanted nor welcomed. As unwelcome as they were, these repatriates occupied a more privileged position than aspiring immigrants based on both citizenship and race that acknowledged their "Italianness".[70] They benefitted from Italian policies on national identity and citizenship forged in the face of mass emigration to informal colonies in the nineteenth and twentieth centuries.[71]

B. INTERIM POST-ITALIAN COLONIAL PERIOD (UN OVERSIGHT OF TRANSITION TO INDEPENDENCE) (1945-51)

In the post-Italian colonial period before Libyan independence (1943-1951), Baldinetti argues that political movements remained regional in their power base and scope, despite some efforts, notably those of Bashir al-Sadawi of the Libyan Liberation Committee (1947), to develop a truly national movement.[72] The traditions constructed

---

whereas Italy claimed reparations had already been made. In 1992, Gaddafi and Berlusconi orchestrated a rapprochement, with Gaddafi promising to prevent sub-Saharan Africans from traversing Libya and on to Italy, and Berlusconi promising to pay fuller colonial reparations, see below.

[68] Pamela Ballinger, "Borders of the Nation, Borders of Citizenship: Italian Repatriation and the Redefinition of National Identity after World War II," *Comparative Studies in Society and History*, 49, 3 (2007): 713–741.

[69] Ballinger, op. cit., 717.

[70] Ballinger, op. cit., 724.

[71] Ballinger, op. cit., 725.

[72] Baldinetti, *Origins*, op. cit., 127-135.

(Eric Hobsbawm) and communities imagined (Benedict Anderson) abroad thus failed to translate into a nation-state determined by Libyan politicians or the Libyan people, both due to fractiousness among the regionalist parties formed in diverse exilic centres, and to the machinations of Western powers following Italy's loss to the Allies, first resulting in a British Military Administration (1943-45), then for Libyan independence to be part of post-war treaty negotiations overseen by the UN which largely sidelined Libyan nationalists.[73]

C. EARLY INDEPENDENCE (KINGDOM OF LIBYA UNDER BRITISH ALLY KING IDRIS, 1951-69)

For Libyan scholar Salaheddin Hasan Sury the resulting Libyan state was an "experiment in statehood," one that failed due to the wholesale importation of a European constitutional monarchic model developed over centuries into a new nation with little historical preparation for such a political system, and only two years to prepare for its implementation.[74] Lisa Anderson characterizes the period of Italian colonization of Libya as one of "discontinuity" of times and areas of sovereignty,[75] and regional "disintegration" into warring tribes.[76] She describes the period "after Independence" (rather than after decolonization) as the "state avoided," as Libya never developed "stable political activity on the basis of class or clientelism" but rather moved from a "Rentier Monarchy" to a "Distributive *Jamahiriyyah*".[77] Pamela Ballinger describes the long and non-linear process of the Italian decolonization of Libya, a process of repeat departures from, returns to, and new arrivals of Italian settlers in Libya even after WWII;[78] and, analyzes its impact on

---

[73] Baldinetti, *Origins*, op. cit., 143-145.

[74] Salaheddin Hasan Sury, "A New System for a New State: The Libyan Experiment in Statehood, 1951-1969, in Anna Baldinetti, editor, *Modern and Contemporary Libya: Sources and Historiographies*, 179-194.

[75] Lisa Anderson, "Divided Sovereignty and Competing States," in her *The State and Social Transformation in Tunisia and Libya, 1820-1980* (Princeton, NJ: Princeton University Press, 1986) 181-202.

[76] Op. cit., 203-221.

[77] Op. cit., 251-269.

[78] Pamela Ballinger, "Colonial Twilight: Italian Settlers and the Long Decolonization of Libya," op. cit., 813-838.

the state formation of both nations.[79] In contradistinction to most scholars, Tarek Ladjal argues for continuity in Libya throughout the modern period as he defines it, over the 300 years from the Ottoman conquest to the end of the Gaddafi era (1711-2011), based on the Khaldunian idea of asibiyya, a group feeling of community, that for him transcends the period of Italian colonization and forms the basis of the tribal structure of the Libyan nation-state.[80] This idea resonates with what has been argued here about Libyan resilience throughout the Italian colonial period.

In summary, Italian colonization had the effect of delaying the development of a Libyan nationalism, forcing responses that accentuated regional divisions, and destroying civil society and community structures. In decimating resistance, including through the genocide of resisters and civilians,[81] then dragging Libya into WWII, and losing to the Allies, Italy (unintentionally) precipitated Libya into a second European (British) military occupation, which ultimately subordinated Libyan independence to a Western international construction of a "new nation" under a puppet monarchy, that of the British ally King Idris I. Thus, Libya's post-WWII "war of independence"[82] took the form of a belated (1969) military coup-d'état by

---

[79] Pamela Ballinger, "Borders of the Nation, Borders of Citizenship: Italian Repatriation and the Redefinition of National Identity after World War II". *Comparative Studies in Society and History*, 49, 3 (2007): 713–741.

[80] Tarek Ladjal, "Tribe and state in the history of modern Libya: A Khaldunian reading of the development of Libya in the modern era 1711–2011". *Cogent Arts & Humanities*, 3 (2016): 1-17.

[81] Redefining the "repressive measures" against Libyan militants and civilians as "genocide" has been a particular topic of more recent research by Eric Salerno, *Genocidio in Libia: le atrocità nascoste dell'avventura coloniale italiana, 1911-1931* (Roma: Manifesto libri, 2005), buttressed by the work of Angelo del Boca in his *Gli italiani in Libia: Dal fascismo a Gheddafi* (Roma: Editori Laterza, 1988); and, enhanced by the latter's *A un passo dalla forca: Atrocità e infamie dell'occupazione italiana della Libia nelle memorie del patriota Mohamed Fekini*, (Milano: Baldini, Castoldi Dalai editore, 2007). The original Italian title translates directly as "One Step from the Gallows: Atrocities and Infamies of the Italian Occupation of Libya in the Memoirs of the Patriot Mohamed Fekini". However, it has been published in English, translated by Antony Shugaar, and with and Introduction by Ruth Ben-Ghiat, as *Mohamed Fekini and the Fight to Free Libya* (New York: Palgrave Macmillan, 2011).

[82] Relative independence, in that Italy initially helped Gaddafi take power from the British-supported Idris I. In an impasse with the Italians regarding further reparations for the colonial period, Gaddafi rejected further ties, and, in September 1970, confiscated Italian assets in Libya and expelled 12,000 Italians and Italian companies from Libya.

Libyan officers, including Muammar Gaddafi, against a Libyan king—a late rebound reaction against European and Western dominance of Libyan nationhood. Even so, Libyan resilience through the period of Italian colonization, including unarmed resistance, witnessing, holding to a sense of positive identity and dignity, even mere survival, formed a basis for its later emergence as a national entity through the Libyan officers' military coup of September 1, 1969 leading to the rule of Moammar Gaddafi (1969-2011).

D. LATER INDEPENDENCE (ISLAMIC REPUBLIC UNDER MILITARY LEADER MOAMMAR GADDAFI, 1969-2011)

Indeed, scholarship of the post-Italian period in Libya demonstrates a failed monarchic state imposed by the West that sets up the conditions for a rebound phenomenon in the form of the Libyan military overthrow of the corrupt absolutist Libyan government of Idris I, followed by a self-proclaimed populist, socialist, religious republic (September 1, 1969). While Gaddafi cast himself as an antimonarchist rebel like Omar al-Mukhtar, opposing all Western powers, including their propping of a Libyan king, and working for the Libyan people as an Arab, Muslim, North African state, he eventually devolved into the absolutist, corrupt, self-interested ruler that Idris I had become. Having overcome totalitarian Italian Fascism, Libya became a totalitarian state that was ripe for implosion with the Arab uprisings of 2011. Gaddafi's ignominious death and defilement by Libyan rebels is ironically reminiscent of Mussolini's own fate at the hands of Italian partisans.

A year after taking power, in September 1970 Gaddafi seized Italian assets in Libya and expelled 12, 000 Italians from the country. He justified these actions by claiming Italy had refused (further) reparations to Libya from the time of their colonial rule. This question of reparations would continue to colour Italian-Libyan relations in the decades to follow. After years of mutual isolation, in 1992 Gaddafi and then Prime Minister of Italy, Silvio Berlusconi, orchestrated a rapprochement, with Gaddafi promising to prevent sub-Saharan African migrants from traversing Libya and departing its shores in boats destined for Italy in exchange for Berlusconi's promise to pay fuller colonial reparations. With this pact, both countries leveraged the mass movement of migrants beginning in the 1990s as an international relations tool.[83]

E. THE POST-GADDAFI PERIOD (2011 TO TODAY)

Gaddafi's initial reforms and benefits to the nation eventually became sclerotic institutions propping up his own power, yet since his overthrow Libya has descended into a familiar quagmire of foreign interventions and regional warring factions against outsiders and among themselves. The history of Libya post-Gaddafi is also one of a persistent migrant crisis within a country that rapidly devolved from an Arab Spring[84] to an internationally mediated humanitarian crisis[85] and ongoing civil war. Today Libya is a transition point for migrants from sub-Saharan countries, as the impoverished and desperate make their way from there, across the Mediterranean to Europe, particularly towards debarkation at Italy's Lampedusa Island.

---

[83] For a detailed analysis of the history of this pact, the use of migrants as a national and international tool for both Italy and Libya, and the complicity of European countries, especially Nicholas Sarkozy's France, and the USA, see Mustafa Abdalla A. Kashiam, "The Italian role in the Libyan spring revolution: is it a shift from soft to hard power?," *Contemporary Arab Affairs*, 5, 4, (2012): 556–570.

[84] While some may object to the use of the term "Libyan Arab Spring," it is important to remember that however rapidly co-opted by external forces, there was an initial ground-led movement by Libyans to replicate the successes of the Tunisian and Egyptian Arab Springs. There is a great deal of academic evidence of this. See for example, Haider Ala Hamoudi, "Arab Spring, Libyan Liberation and the Externally Imposed Democratic Revolution", *Denver University Law Review*, 89, 3 (2012): 699-734; Valentina Colafrancesco, "A Case of Paradiplomacy? Italian-Libyan diplomatic relations from the rise to power of Gaddafi till the beginning of the Arab Spring", *Studia Diplomatica*, LXV, 3 (2012): 93-118; Elisabeth Johansson-Nogués, "Gendering the Arab Spring? Rights and (in)security of Tunisian, Egyptian and Libyan women," *Security Dialogue*, 44, 5-6 (2013): 393–409; Mustafa Abdalla A. Kashiam, "The Italian role in the Libyan spring revolution: is it a shift from soft to hard power?," *Contemporary Arab Affairs*, 5, 4, (2012): 556–570; Yehudit Ronen, "Britain's Return to Libya: From the Battle of al-Alamein in the Western Libyan Desert to the Military Intervention in the 'Arab Spring' Upheaval". *Middle Eastern Studies*, 49, 5 (2013): 675–695; Ronald Bruce St John, "Libyan Election Breaks Arab Spring Pattern," *The International Spectator*, 47, 3 (2012):13–19. Additionally, I knew members of internal Libyan resistance groups in the early 2000s; and, I was in communication with those involved in the Libyan Arab Spring's February 17 Revolution ("Libya Feb 17") about online support and dissemination of their efforts, prior to their website being tampered with (February 23, 2011), and then silenced (last contact February 25, 2011).

[85] As argued by Paolo Sensini, *Sowing Chaos: Libya in the Wake of Humanitarian Intervention*, translated by Alexander M. Synge (Atlanta, GA: Clarity Press, 2016).

This migration pattern is an ongoing target of the wrath of Italy's nationalist, anti-immigration political parties, which wish to ignore the diversity of Italy's citizenry, and preserve a (mythical) homogeneity. Yet the history of Italy's colonization of Libya, while not leading to the mass migration of Libyans to Italy, has led to a more complicated national identity for Italians and their descendants who were part of Libya's colonial and post-colonial landscape.

While the historiography of Italy's colonization of Libya has progressed from nostalgia, idealization, and self-justification to a broader understanding and incorporation of Italy's racialized, colonial, and Fascist past into a fuller understanding of both its national identity, and (ongoing) national state formation,[86] unlike other former colonial powers, Italy has not fully reconciled with its colonial past. It does not mark occasions of major battles for colonial power, and individuals retain a *mal d'Africa*, and persist with the *italiani brava gente* myth.[87] While Italian historians are attempting now to redress this colonial forgetfulness and ignorance, to date Italy remains "the last and the least" of the European former colonial powers to do so. Ballinger concludes that the long-neglected topic of Italian repatriation is a fruitful one for understanding Italian colonial, postcolonial, and current migration histories in relation to Italian national identity, racialization, and citizenship.[88] Other scholars explore the importance of redressing Italy's official "forgetting" of its past (in contrast to individual memories)[89] in order to better understand Italy's racialized, and radicalized present.[90]

Today's encounters and clashes between Italians and Libyans, or those in transit through Libya, in the Mediterranean Sea or on its shores, comprise a series of perceived invasions by migrants from

[86] Nicola Labanca, "Fase e tendenze negli studi italiani sulla Libia coloniale," op. cit., 3-17.
[87] Nicola Labanca, "History and Memory of Italian Colonialism Today," in *Italian Colonialism: Legacy and Memory*, edited by Jacqueline Andall and Derek Duncan (Bern: Peter Lang, 2005) 35-42.
[88] Ballinger, *Borders of the Nation*, op. cit., 740-41.
[89] See for example, Jacqueline Andall and Derek Duncan, "Memories and Legacies of Italian Colonialism," op. cit.
[90] See also for example, Giovanna Leone and Tiziana Mastrovito, "Learning About Our Shameful Past: A Socio-Psychological Analysis of Present-Day Historical Narratives of Italian Colonial Wars," *International Journal of Conflict and Violence*, 4, 1 (2010): 11-27.

Africa, and resistance to those migrants in Italy and in Libya itself. There are a number of documentary films dealing with this migratory pattern, from the 1990s to today, and a corresponding growing scholarship on these films.[91] The devolution of Libyan civil society in tandem with the disintegration of the state in to warring tribal factions in rebellion against the internationally recognized government which has but a tenuous hold on the country, negatively impacts the plight of migrants, those trying to survive until they get passage on smugglers' boats, those returned at sea to Libya to be imprisoned, those in servitude or worse, being sold in open air modern day slave markets. The horrors experienced by migrants in Libya, and leaving Libya for Italy by sea, have been the subject of news documentaries like the BBC's *The Left to Die Boat* (2012); Vice News' *Libya's Migrant Trade: Europe or Die* (2016); and Aljazeera's *Rescue at Sea: Migrants in the Mediterranean* (2018). The plight of the sub-Saharan refugees who do reach Italy, their herding into migrant camps, their conflicts with parts of the population, and parts of the political system are also well-documented, through journalism, film, and fiction. Certain acclaimed novels have particularly focused on the correlation between Italy's colonial presence in East Africa as well as Libya, and the route taken and destination of Eritrean and Ethiopian migrants today — *Sangue giusto* (2017) by Francesca Melandri is among the most recent.[92]

Gianfranco Rosi's much acclaimed lyrical documentary, *Fuocoammare* (2016), focuses on the encounters at sea with migrant boats from Libya attempting to reach Italian shores, and the impact they have on the major receiving port of Lampedusa. While the film's title and the soundtrack harken back to the Second World War and the fire at sea of the June 1943 Allied bombing of Lampedusa, and the resultant fire at sea of the Italian ship, the "Maddalena," the enflamed migrant boat here announces a new clash at sea

---

[91] See, for example, Sonia Cincinelli, *I migranti nel cinema italiano* (Roma: Edizioni Kappa, 2009); and her *Senza frontiere: Migrazione nel cinema* (Roma: Edizioni Kappa, 2012). See also, *The Cinemas of Italian Migration: European and Transatlantic Narratives*, edited by Sabine Schrader and Daniel Winkler (Newcastle upon Tyne: Cambridge Scholars Publishing, 2013).
[92] Francesca Melandri, *Sangue giusto* (Milano: Rizzoli Libri, 2017).

and on shore — an influx of sub-Saharan migrants unwelcome in Italy, and even less so in the rest of Europe, a "foreign body" to be processed, analyzed, and dealt with by their segregation into migrant camps. Migrants become a locus of racialized tensions within Italy (and the rest of Europe), and of political partisanship. The compassionate, hard-working, insightful medical doctor, Pietro Bartolo, is a first necessary (for medical screening), and positive encounter in circumstances that are certainly beter than the migrants' recent ones, but worse than their aspirational desire for integration into Italian (and European) society. Rather, they experience alienation and segregation into migrant camps. Even while making the best of their current situation, their estrangement from the rest of society is reinforced. Even the innocent, unbiased elements of that society, like the young islander, Samuele Pucillo, experience the anxiety of the sudden change to their usual lives posed by the arrivals of the migrants.

In the years since the release of this film, Italy continues to struggle with the influx of migrants, the political divisions marked by extreme anti-immigration ideologies, and the defiance of international aid workers helping to bring migrants safely to shore. Libya remains in a state of political chaos, civil war, and social fragility, where sub-Saharan migrants are the bottom of society, exploited, imprisoned, and expelled. The poverty and unrest in their home countries continue to drive migrants to risk a perilous journey in the hope of a better life than the one that actually materializes. Italy and Libya remain connected by history, geography, and the Mediterranean Sea that laps onto their respective shores. As Libyan scholar Mohamed Taher Jerary has argued, only ongoing recognition and understanding of each other's humanity will allow both countries to move forward from their interconnected histories,[93] and their ongoing interactions — the encounters and clashes that continue to forge their identities.

---

[93] Mohamed Taher Jerary, "The Libyan Cultural Resistance to Italian Colonization: the Consequences of Denying the Values of Others," op. cit.

INDEX OF NAMES

SAGGISTICA

Taking its name from the Italian—which means essays, essay writing, or non-fiction—*Saggisitca* is a referred book series dedicated to the study of all topics and cultural productions that fall under what we might consider that larger umbrella of all things Italian and Italian/American.

Vito Zagarrio
   The "Un-Happy Ending": Re-viewing The Cinema of Frank Capra. 2011. ISBN 978-1-59954-005-4. Volume 1.
Paolo A. Giordano, Editor
   The Hyphenate Writer and The Legacy of Exile. 2010. ISBN 978-1-59954-007-8. Volume 2.
Dennis Barone
   America / Trattabili. 2011. ISBN 978-1-59954-018-4. Volume 3.
Fred L. Gardaphè
   The Art of Reading Italian Americana. 2011. ISBN 978-1-59954-019-1. Volume 4.
Anthony Julian Tamburri
   Re-viewing Italian Americana: Generalities and Specificities on Cinema. 2011. ISBN 978-1-59954-020-7. Volume 5.
Sheryl Lynn Postman
   An Italian Writer's Journey through American Realities: Giose Rimanelli's English Novels. "The most tormented decade of America: the 60s" ISBN 978-1-59954-034-4. Volume 6.
Luigi Fontanella
   Migrating Words: Italian Writers in the United States. 2012. ISBN 978-1-59954-041-2. Volume 7.
Peter Covino & Dennis Barone, Editors
   Essays on Italian American Literature and Culture. 2012. ISBN 978-1-59954-035-1. Volume 8.
Gianfranco Viesti
   Italy at the Crossroads. 2012. ISBN 978-1-59954-071-9. Volume 9.
Peter Carravetta, Editor
   Discourse Boundary Creation (LOGOS TOPOS POIESIS): A Festschrift in Honor of Paolo Valesio. ISBN 978-1-59954-036-8. Volume 10.
Antonio Vitti and Anthony Julian Tamburri, Editors
   Europe, Italy, and the Mediterranean. ISBN 978-1-59954-073-3. Volume 11.
Vincenzo Scotti
   Pax Mafiosa or War: Twenty Years after the Palermo Massacres. 2012. ISBN 978-1-59954-074-0. Volume 12.

Anthony Julian Tamburri, Editor
  Meditations on Identity. Meditazioni su identità. ISBN 978-1-59954-082-5. Volume 13.
Peter Carravetta, Editor
  Theater of the Mind, Stage of History. A Festschrift in Honor of Mario Mignone. ISBN 978-1-59954-083-2. Volume 14.
Lorenzo Del Boca
  Italy's Lies. Debunking History's Lies So That Italy Might Become A "Normal Country". ISBN 978-1-59954-084-9. Volume 15.
George Guida
  Spectacles of Themselves. Essays in Italian American Popular Culture and Literature. ISBN 978-1-59954-090-0. Volume 16.
Antonio Vitti and Anthony Julian Tamburri, Editors
  Mare Nostrum: prospettive di un dialogo tra alterità e mediterraneità. ISBN 978-1-59954-100-6. Volume 17.
Patrizia Salvetti
  Rope and Soap. Lynchings of Italians in the United States. ISBN 978-1-59954-101-3. Volume 18.
Sheryl Lynn Postman and Anthony Julian Tamburri, Editors
  Re-reading Rimanelli in America: Six Decades in the United States. ISBN 978-1-59954-102-0. Volume 19.
Pasquale Verdicchio
  Bound by Distance. Rethinking Nationalism Through the Italian Diaspora. ISBN 978-1-59954-103-7. Volume 20.
Peter Carravetta
  After Identity. Migration, Critique, Italian American Culture. ISBN 978-1-59954-072-6. Volume 21.
Antonio Vitti and Anthony Julian Tamburri, Editors
  The Mediterranean As Seen by Insiders and Outsiders. ISBN 978-1-59954-107-5. Volume 22.
Eugenio Ragni
  After Identity. Migration, Critique, Italian American Culture. ISBN 978-1-59954-109-9. Volume 23.
Quinto Antonelli
  Intimate History of the Great War: Letters, Diaries, and Memoirs from Soldiers on the Front. ISBN 978-1-59954-111-2. Volume 24.
Antonio Vitti and Anthony Julian Tamburri, Editors
  The Mediterranean Dreamed and Lived by Insiders and Outsiders. ISBN 978-1-59954-115-0. Volume 25.

Sabrina Vellucci and Carla Francellini, Editors
Re-Mapping Italian America: Places, Cultures, Identities. ISBN 978-1-59954-116-7. Volume 26.

Stephen J. Belluscio
Garibaldi M. Lapolla: A Study of His Novels. ISBN 978-1-59954-125-9. Volume 27.

Antonio Vitti and Anthony Julian Tamburri, Editors
The Representation of the Mediterranean World by Insiders and Outsiders. ISBN 978-1-59954-113-6. Volume 28.

Philip Balma and Giovanni Spani, Editors
Translating for (and from) the Italian Screen: Dubbing and Subtitles. ISBN 978-1-59954-141-9. Volume 29.

Antonio Vitti and Anthony Julian Tamburri, Editors
Mediterranean Memories/Memorie Meditterranee. ISBN 978-1-59954-142-6. Volume 30.

Anthony Julian Tamburri, Editor
Interrogations into Italian-American Studies. The Francesco and Mary Giambelli Lectures. ISBN 978-1-59954-143-3. Volume 31.

Giose Rimanelli
Cesare Pavese's Long Journey. A Critical-Analytical Study. Edited with an Introducrion by Mark Pietralunga. ISBN 978-1-59954-133-4. Volume 32.

Susanna Nanni and Sabrina Vellucci, Editors
Circolazione di idee e di persone: Integrazione ed esclusione tra Europa e Americhe. ISBN 978-1-59954-155-6. Volume 33.

Sian Gibby, Joseph Sciorra, and Anthony Julian Tamburri, Editors
This Hope Sustains the Scholar: Essays in Tribute to the Work of Robert Viscusi. ISBN 978-1-59954-167-9. Volume 34.